50 ANOS DE MARKETING NO BRASIL

Prof. Dr. Roberto F. Falcão

Doutor e mestre em marketing pela USP

Professor, pesquisador, palestrante e consultor de marketing, gestão de serviços e planejamento estratégico

Publicação Independente
ISBN: 9781701166028

São Paulo

2019

Dedico, com amor e carinho, este livro
ao meu porto seguro: meus pais,
minha esposa e minha filha.

SUMÁRIO

APRESENTAÇÃO i

PREFÁCIO ii

1 Por que escrever um livro sobre a história do marketing no Brasil? 8

2 Uma breve evolução do ambiente de Marketing no Brasil ... 19

    2.1 Alguns Pioneiros 57

3 O Marketing na academia 60

    3.1 A ESAN 70

    3.2 A EAESP/FGV 73

    3.3 A FEA/USP 108

    3.4 A ESPM 130

4 Referências 138

APRESENTAÇÃO

Este livro apresenta uma narrativa sobre a chegada do marketing ao Brasil e sua inserção nos negócios e nos currículos dos cursos das escolas de negócio do país. A pesquisa é resultado da minha dissertação de mestrado, orientada pela Profa Dra Ana Akemi Ikeda, Professora Titular de Marketing da Faculdade de Economia, Administração e Contabilidade da Universidade de São Paulo (FEA/USP).

Os dados foram obtidos por meio de vasta pesquisa bibliográfica e documental, bem como por meio de entrevistas com professores e profissionais de mercado, a quem eu agradeço muito pela contribuição.

Para que mais pessoas tivessem acesso a esse conteúdo e para a preservação do registro histórico das pessoas e eventos, resolvi transformar a dissertação em livro. Em função de sua extensão, optei por dividir o texto em dois volumes: o primeiro foca a inserção do marketing nos cursos superiores e o segundo apresenta a evolução do marketing nos negócios, como atividade administrativa.

Espero que a leitura seja agradável e que ela proporcione novos conhecimentos sobre este tema que tanto me encanta.

Prof. Roberto Falcão

PREFÁCIO

O termo marketing tem suscitado diferentes interpretações, algumas positivas, outras negativas, quando não pejorativas. Entretanto, todas elas enquadram-se basicamente em três perspectivas, a primeira das quais remetendo a práticas gerenciais que englobam diferentes modalidades de organização e envolvendo processos, técnicas e arte de promoção de relacionamento e de troca de valor entre duas ou mais entidades. Há uma segunda perspectiva, a qual se refere a marketing como agente indutor de uma filosofia de ação e de orientação empresarial que serviria de suporte aos processos estratégicos e operacionais de marketing e da empresa como um todo. Finalmente, marketing pode ser concebido como uma disciplina acadêmica (Marketing) autônoma, mas transdisciplinar. Nesse último caso, Marketing recorre a várias áreas de conhecimento – filosofia, antropologia, economia, sociologia, psicologia, psicologia social, sistemas, tecnologia da informação – para construir um corpo teórico tanto de caráter positivo quanto de caráter normativo. Em contrapartida, as pesquisas em marketing oferecem um manancial de informações que permitem a profissionais e estudiosos de cada uma das áreas mencionadas conferir empiricamente os pressupostos de suas teorias e análises.

Sob uma perspectiva da teoria evolutiva de marketing, pode-se afirmar que Marketing surgiu nos Estados Unidos por volta das duas primeiras décadas do século XX e, como processo gerencial organizado, desenvolveu-se em sua plenitude em um contexto de ambiente de negócios caracterizado inicialmente por demanda maior do que a oferta e, posteriormente, por oferta excedente à demanda.

Saliente-se, ainda, que Marketing, como processo social e gerencial, e o trabalho acadêmico comprometido com o desenvolvimento de uma teoria consistente e voltada à difusão das orientações empresariais como filosofia de ação administrativa, evoluíram de forma mutuamente influenciável e intercambiável e não linear. Por outro lado, tanto o progresso nas pesquisas acadêmicas sobre o tema como a implantação das atividades gerenciais de marketing nos diferentes tipos de organização ocorreram como processos adaptativos decorrentes dos requisitos impostos pela evolução dos ambientes econômico, social, cultural, tecnológico e de negócios.

No âmbito acadêmico, diversos autores, especialmente americanos, com destaque para Bartels, empreenderam estudos procurando situar em um contexto histórico a evolução do marketing como disciplina e como processo gerencial.

Assim é que, nos primórdios do século passado, marketing era concebido, na condição de atividade gerencial, como a administração do processo de distribuição. Em uma segunda fase, marketing é assumido como um processo de tomada de decisão administrativa, em resposta adaptativa às mudanças empreendidas em outras áreas da organização e mediante a adoção de métodos e técnicas de análise quantitativa, da teoria da decisão e da abordagem sistêmica.

Uma terceira fase, concernente à concepção de marketing também como processo social, é abraçada por estudiosos e pesquisadores e converge para os elementos que caracterizam três escolas: Macromarketing, Consumerismo e Comportamento do Consumidor. Marketing amplia seu escopo de análise para além das Ciências Econômicas, dando-se destaque para estudos do comportamento do consumidor e dos sistemas de interação dos agentes da oferta e da demanda e de outros atores que compõem o ambiente de negócios.

A preocupação com o impacto das atividades empresariais e de marketing na sociedade como um todo fez emergir uma nova linha de estudos e de desenvolvimento teórico que se convencionou denominar marketing *societal*. Concluiu-se que marketing deveria ser considerado como algo que vai além de um processo social envolvendo agentes da oferta e da demanda e demais integrantes da cadeia (fornecedores, intermediários e facilitadores). Assim sendo, o processo de marketing deve repercutir em toda a sociedade, integrando-se a todas as atividades e responsabilidades das demais áreas da organização. A responsabilidade social de marketing é um tema que passa a integrar os textos de gestão de marketing e de práticas empresariais.

Simultaneamente à questão da responsabilidade social de marketing, destaca-se uma nova visão de marketing como área de investigação e de prática organizacional: marketing interprestado como função e como atividades genéricas aplicáveis a qualquer modalidade de organização, abordagem defendida por Kotler e Levy. Trata-se de um processo gerencial abrangente, aplicável a toda espécie de organização ou instituição, cada qual buscando, por intermédio de suas práticas, alcançar seus objetivos e cumprir com suas finalidades.

Por volta do último quarto do século XX, surgem novos modelos de negócios visando a ajustar a estratégia da empresa a um ambiente caracterizado por oferta maior do que demanda e por acirrado nível de competição. Marketing passa a desempenhar um papel crucial no âmbito da gestão estratégica e competitiva. A filosofia que mais se ajusta a essa fase é a orientação para o mercado, marketing desdobrando sua função em direção ao desenvolvimento de um posicionamento competitivo superior e sustentável.

Como desdobramento dessa última fase ganha ênfase a abordagem de marketing que tem por foco vários públicos de interesse: em conformidade com essa orientação holística, há uma diversificação do escopo de marketing, permeando sua prática a empresa como um todo, a qual deverá figurar como centro de uma rede de públicos.

Uma corrente de estudiosos tem detectado uma nova concepção da filosofia, teoria e prática empresarial, baseada na premissa de que a natureza simbólica e emocional das trocas impele empresas e organizações a gerenciar processos que atendam expectativas criadas em experiências alimentadas pelo contato entre as partes envolvidas no processo de troca. Trata-se do que se convencionou chamar de Marketing 3.0, voltado para os valores que digam respeito à transformação do mundo em um lugar melhor.

Todos esses movimentos experimentados por marketing em seus domínios teóricos e de prática empresarial tiveram por berço o ambiente americano. Profissionais de marketing, acadêmicos e pesquisadores puderam reproduzir tais movimentos por intermédio textos (*papers*, livros) e outros meios. No Brasil, houve uma rápida assimilação de todo o conteúdo proveniente principalmente da literatura americana sobre o assunto, quer por meio de cursos de MBA, mestrado e doutorado realizados em diferentes universidades americanas, quer importando material, traduzindo-o e adaptando à realidade brasileira. Esses pioneiros e outros seguidores acompanharam de perto toda a evolução da teoria e da prática de marketing e dispuseram para seus discípulos e para o público em geral os ensinamentos adquiridos.

Por esse motivo, o livro do professor Falcão traz uma importante contribuição ao leitor e presta um justo tributo aos pioneiros brasileiros que difundiram a disciplina Marketing como um importante campo de estudo dinâmico e em constante evolução.

Prof. Geraldo Luciano Toledo

1 POR QUE ESCREVER UM LIVRO SOBRE A HISTÓRIA DO MARKETING NO BRASIL?

> *É muito difícil à história apreender a verdade: ou porque estamos muito distantes cronologicamente dos fatos para sua correta compreensão ou porque a história das vidas e dos fatos contemporâneos, motivada por invejas e más intenções, maltrata e contorna a verdade, servindo de instrumento de bajulação.*
> PLUTARCO

A História possibilita, a partir da análise e organização de fatos passados, melhor compreensão do presente. Além de servir de registro, resguardando a memória de instituições e precursores, o estudo histórico de uma disciplina permite a seus estudiosos melhor compreensão de sua dinâmica e de seu processo evolutivo. Conforme comentam Shaw e Jones (2005), somente após a compreensão das ideias desenvolvidas pelos pensadores do passado torna-se possível a construção de novas teorias.

Scriven (1966) também sinaliza a importância de um resgate histórico ao afirmar que a história nos ensina sobre a natureza humana e sobre nossas melhores escolhas futuras, ensinando sobre as *possibilidades* mais do que sobre *regularidades*. Em função disso, através dos anos, alguns pesquisadores, acadêmicos ou não, buscaram compreender a história e a evolução das disciplinas de gestão, com destaque para os pioneiros nos Estados Unidos e Europa. O interesse pelo assunto em outras partes do mundo, como o Brasil, por exemplo, ocorreu de forma tardia, ganhando maior destaque somente nas décadas recentes. Com relação à área de marketing, apenas poucos autores se aventuraram a reconstruir sua evolução histórica, especialmente quando se trata de países fora da América do Norte e da Europa.

A consciência deste fato e a constatação da juventude do marketing como campo de estudo sistemático (especialmente com relação ao Brasil), bem como dos inúmeros debates entre acadêmicos, da falta de consenso com relação à disciplina e de uma certa crise de identidade da área, estimularam desenvolvimento deste livro. Ele é fruto da minha dissertação de mestrado, defendida na

FEA/USP em 2014 sob orientação da Profa. Dra. Ana Akemi Ikeda.

Um dos pontos iniciais para a decisão do foco da pesquisa foi a observação da grande rejeição por parte de estudantes e acadêmicos em relação ao tema. Diferentemente dos físicos e matemáticos, que, geralmente, não questionam as razões de se estudar relíquias acadêmicas como Aristóteles, Kepler, Galileu, Newton, Maxwell, Planck e Einstein, poucos estudiosos da área de marketing no Brasil analisam, pesquisam, escrevem ou sequer estudam sobre o passado ou sobre a evolução das disciplinas. Neste sentido, é interessante a reflexão de Hotchkiss (1938, p. ix) acerca do estudo histórico, reforçando a relevância deste tema para o estudo da administração e do marketing:

> [...] os inquietantes problemas enfrentados pelos negócios na atualidade não são novos ou peculiares à nossa geração. Os problemas de preço, qualidade e competição; o problema do controle de monopólios; os problemas de tarifas e nacionalismo econômico; os problemas de fraude em propaganda e vendas; acima de tudo, o problema do equilíbrio entre oferta e demanda – e muitos outros problemas

> atuais também confrontaram nossos antepassados. Eles foram resolvidos de várias maneiras, com diferentes graus de sucesso. Seria absurdo confiar demais em sua experiência como um guia; ainda mais absurdo é ignorá-la.

Além disso, outra questão emergiu com relação ao estudo da evolução do marketing: como comenta Golder (2000), "nenhum artigo da literatura de marketing descreve plenamente o método histórico, como ele foi desenvolvido [...]. A crença comum de que a pesquisa histórica não é científica pode explicar o número limitado de artigos que fazem uso deste método em marketing" (GOLDER, 2000, p. 156, tradução nossa). A partir das palavras do autor, percebeu-se uma carência na área de marketing – e de gestão, de modo geral – em termos de propostas e modelos de análise histórica, cujo rigor metodológico viabilizasse a validade e a confiabilidade dos trabalhos desenvolvidos.

Assim, o conhecimento da história de uma disciplina é de grande importância para o entendimento de sua evolução e de seu estado atual. Assim como de seus avanços. Shaw (2009, p. 330, tradução nossa) defende que "Somente após a compreensão das ideias desenvolvidas pelos pensadores de marketing do passado torna-se possível a construção de novas teorias".

A relevância do tema no contexto brasileiro torna-se ainda maior pelo fato de haver um descompasso entre o que ocorreu nos Estados Unidos, referência mundial no estudo de marketing, e no Brasil, um país que ganhou destaque mundial recentemente, mas que ainda representa uma economia em desenvolvimento. Por aqui também há muito pouco material sobre o tema. Raros autores se aventuraram a reconstruir a evolução histórica do marketing, especialmente quando se trata de países fora da América do Norte e da Europa. Por este motivo, este estudo colabora com a redução da "lacuna na bibliografia especializada, resgatando uma dívida de gratidão com os pioneiros que introduziram e lançaram as raízes do marketing moderno em nosso país" (FERRENTINI, 2014, prefácio).

O livro se propõe, portanto, a apresentar uma narrativa sobre a chegada do marketing ao Brasil e sua inserção nos negócios e nos currículos dos cursos das escolas de negócio. Por meio do levantamento de evidências históricas, de material bibliográfico e de entrevistas com profissionais e acadêmicos da área, a contribuição da pesquisa é ampliar o conhecimento sobre o marketing no Brasil, reduzindo sua suposta crise de identidade e, assim, evitando o que Shafer (1974) comenta de que os homens que são ignorantes da história estão aptos a formular julgamentos superficiais.

Há muito anos, um professor catedrático de uma grande universidade brasileira, participando de uma banca de doutorado em marketing comentou: "Há uma crise de identidade em marketing. Depois de muitos anos participando de bancas, toda tese de marketing que eu leio ainda começa com a definição de marketing" (TOLEDO, 2013). Bartels (1974) já discutia essa crise há mais de quatro décadas e parece que ela ainda não foi superada.

Rewoldt, Scott e Warshaw (1973), lembrados por Hunt (1976), diziam que marketing não era fácil de definir. Brown (2001) sugere que um dos estopins para a crise de identidade de marketing, bem como a discussão sobre arte *versus* ciência, é a aparente incapacidade dos profissionais de marketing de concordarem a respeito do domínio de atuação da disciplina. A falta de consenso entre acadêmicos, bem como de melhor compreensão histórica sobre sua evolução pode ser um dos fatores de tal crise de identidade (FALCÃO, 2017).

Além disso, no Brasil, ainda hoje, marketing e suas atividades e significados são objetos de confusão e más interpretações. A começar pelo termo que permaneceu no original inglês por ser de difícil tradução. Em especial por causa do sufixo "ing" que não sendo um gerúndio, pode ser um substantivo que denota ação. No passado, houve tentativas de se traduzir marketing por mercadologia, como já foi registrada a disciplina no Ministério da Educação, assim como, há muitos anos, o professor Raimar Richers da Fundação Getúlio Vargas de São Paulo também apresentou trabalhos e artigos com o termo "mercadização", que não se popularizou. Ao final, o termo que subsistiu no Brasil e no resto do mundo foi mesmo marketing. Como comenta

Richers (1994, p. 30), apesar dos esforços para abrasileirar o nome da matéria, o "nome era aquele mesmo: simplesmente *Marketing*".

Marketing também é muitas vezes confundido como sinônimo de vendas e/ou de propaganda, atividades de comunicação. Isso é explicado pelo fato de que no Brasil o profissional de marketing ficava restrito a essas atividades, uma vez que muitos produtos eram importados ou baseados na produção da matriz. O gerente de marketing pouco tinha a fazer com relação ao produto, ao preço, e à distribuição, mas tomava diversas decisões sobre a comunicação (LIMA, 2013). Além disso, a propaganda no Brasil sempre foi de boa qualidade e criativa, exercendo certo fascínio e gerando ela mesma comunicação boca a boca, o que reforçou essa ideia. Agrega-se a estas questões, o fato de que a mídia de massa constantemente ajuda a disseminar conceitos errôneos de marketing, com destaque para a recorrente falta de ética no marketing político. Essas questões serão aprofundadas nos próximos capítulos.

Como mencionado, o material para a elaboração do livro foi coletado por meio de uma extensa pesquisa bibliográfica, bem como pela condução de entrevistas pessoais com acadêmicos e profissionais de mercado. Além de questões específicas, cada entrevista focou nas memórias e experiências do entrevistado sobre o início do marketing no Brasil ou como precursor do marketing no país. As entrevistas ocorreram entre de novembro de 2013 e fevereiro de 2014, totalizando aproximadamente 14 horas de relatos. A relação de entrevistados é apresentada pelo quadro 1, indicando-se sua atuação à época das entrevistas.

Embora diversos nomes tivessem sido elencados, infelizmente, algumas pessoas não puderam ser localizadas e outras não dispunham de agenda. Além dos relatos coletados, também foram utilizadas as entrevistas de Roberto Duailibi e de Alex Periscinoto, ambas concedidas ao CPDOC (Centro de Pesquisa e Documentação de História Contemporânea do Brasil) da ABP – Associação Brasileira de Propaganda. Os entrevistados são apresentados no quadro a seguir.

Quadro 1 – Relação de entrevistados

Nome	Atuação Profissional	Instituição
Adelia Franceschini	Ex-Diretora de Marketing da Veja, Ex-Vice Presidente da ABEP, Fundadora e Diretora de Instituto de Pesquisas de Mercado	Franceschini – Análises de Mercado (Instituto de Pesquisas de Mercado)
Prof. Dr. Antonio Jesus de Britto Cosenza	Coordenador dos Núcleos de Estudo da ESPM, Professor Titular de Marketing da EAESP/FGV, Consultor	Escola de Administração de Empresas de São Paulo da Fundação Getúlio Vargas (EAESP/FGV) Escola Superior de Propaganda e Marketing (ESPM)
Prof. Dr. Dilson Gabriel dos Santos	Professor Titular de Marketing, Consultor	Faculdade de Economia, Administração e Contabilidade da Universidade de São Paulo (FEA/USP)
Prof. Dr. Francisco Gracioso	Presidente da ESPM, Professor de Marketing e Publicitário (aposentado)	Escola Superior de Propaganda e Marketing (ESPM)
Prof. Dr. Geraldo Luciano Toledo	Professor Titular de Marketing (aposentado)	Faculdade de Economia, Administração e Contabilidade da Universidade de São Paulo (FEA/USP)
Prof. Jacob Jacques Gelman	Professor Titular de Marketing (da 2ª geração da EAESP), Consultor	Escola de Administração de Empresas de São Paulo da Fundação Getúlio Vargas (EAESP/FGV)

Júlio Ribeiro	Publicitário desde a década de 1960	Fundador e presidente da Agência de Propaganda Talent
Prof. Dr. Juracy Gomes Parente	Professor Adjunto de Marketing da EAESP/FGV, Consultor	Escola de Administração de Empresas de São Paulo da Fundação Getúlio Vargas (EAESP/FGV)
Profa. Dra. Laura Gallucci	Ex-Diretora da Raimar Richers Consultores Associados (RRCA), Ex-Professora de Marketing da ESPM, Pesquisadora da História do Marketing no Brasil, Consultora.	Escola Superior de Propaganda e Marketing (ESPM)
Prof. Dr. Marcos Cortez Campomar	Professor Titular de Marketing, Consultor	Faculdade de Economia, Administração e Contabilidade da Universidade de São Paulo (FEA/USP)
Prof. Dr. Marcos Henrique Nogueira Cobra	Professor Titular de Marketing (da 3ª geração da EAESP - aposentado), Consultor	Escola de Administração de Empresas de São Paulo da Fundação Getúlio Vargas (EAESP/FGV)
Raul Cruz Lima	Publicitário desde o início da década de 1970 (aposentado), Consultor	Ex-Redador e Diretor de Criação da J.W.Thompson e Ex-Presidente da Agência de Propaganda Denison

2 UMA BREVE EVOLUÇÃO DO AMBIENTE DE MARKETING NO BRASIL

Este capítulo é uma síntese da história do ambiente de marketing no Brasil, com destaque para a evolução do cenário político-econômico. Ela foi formulada a partir do conteúdo das entrevistas desenvolvidas e da análise das diversas abordagens na apresentação da evolução histórica do marketing (com ou sem proposta de periodização) apresentadas neste estudo.

O conteúdo aqui apresentado, elaborado principalmente a partir da entrevista com o Professor Francisco Gracioso (2013) e o Professor Jacques Gelman (2013), da tese de Aylza Munhoz (1982) e de literatura pertinente, serve como referencial para a efetiva reconstrução a ser desenvolvida.

O marketing moderno e integrado no Brasil surgiu realmente depois da última guerra, da 2ª Grande Guerra Mundial e teve várias causas. A principal foi o progresso social e econômico que houve no Brasil. É curioso dizer isso, provocado pela guerra justamente, que fechou a economia, acabou com a possibilidade de se importar e de um dia para o outro obrigou o Brasil a produzir, a fabricar bens que jamais tinha imaginado. Produzia-se mal, produzia-se com pouca eficiência, mas as grandes indústrias brasileiras começaram a se sedimentar na área de tecidos, calçados, artigos de higiene, de limpeza e produtos alimentícios.

1950 é o ano que marca o início do marketing moderno no Brasil. O país era então bem diferente do que foi na primeira metade do século XX. Havia já algumas cidades grandes como o Rio de Janeiro, São Paulo, Belo Horizonte e Porto Alegre. Mas principalmente Rio e São Paulo, com uma grande massa de consumidores que de repente acordaram para o consumo. Eram pessoas, muitas delas recém-chegadas do campo, imigrantes europeus. Estas pessoas se integraram na nova economia urbana que surgia no Brasil e que era uma economia que exigia produtos que até então eram praticamente desconhecidos no país. Produtos de bem estar no lar como eletrodomésticos, móveis, tapetes etc. Os produtos mais básicos, tão acessíveis atualmente (GRACIOSO, 2013; MUNHOZ, 1982).

Naquele tempo, eram bens novos para essa nova classe média ascendente. Foi a primeira classe média ascendente que houve no Brasil realmente. "Fala-se tanto da nova classe média do Brasil de hoje. Essa foi a segunda sem dúvida. A primeira começou a se definir em 1950" (GRACIOSO, 2013).

A segunda grande causa da explosão do marketing foi a vinda para o Brasil, nesse período, de grandes empresas americanas, de produção na área de produtos de higiene, de limpeza, alimentícios, algumas já estavam aqui, mas estavam em estado dormente. De repente perceberam a oportunidade e começaram a investir. Também as europeias como a Nestlé a Unilever inglesa, a Gillette, as Refinações de Milho Brasil que era americana na época, e outras tantas.

Havia uma necessidade muito grande de produtos de consumo. Assim, vieram para o Brasil americanos preparados para o marketing. "O marketing na verdade, o marketing integrado, o marketing como filosofia de negócios surgiu nos Estados Unidos. Ele cresceu lentamente e era uma verdadeira arma secreta das empresas americanas. Nem mesmo os europeus entendiam o que era aquilo" (GRACIOSO, 2013)   .

Foi nesse período em que marcas como Leite Ninho, Leite Moça, Maisena, Aveia Quaker, pasta de dentes Kolynos, sabonetes Palmolive, lâminas Gillette e diversas outras conseguiam se firmar no mercado, mantendo suas posições de liderança até a atualidade.

Segundo o Professor Gracioso (2013), os europeus acordaram para marketing moderno junto com o Brasil. Antes da Segunda Guerra Mundial, antes dos anos 50, não havia o marketing como se entende hoje. Os americanos que vieram para cá já tinham esta cultura e começaram a aplicar suas técnicas no Brasil, nos seus negócios, com a ajuda de grandes agências de propaganda americanas, que também se instalaram naquela época no país.

A colaboração das agências de propaganda foi muito importante para a implantação do marketing no Brasil. Muitas vezes, principalmente nas empresas brasileiras, eram os homens das agências americanos ou treinados pelos americanos que introduziam as práticas e a filosofia do marketing.

No início, apenas técnicas de comunicação. Tanto assim, que por muitos anos a comunicação passou a ser sinônimo de marketing no Brasil. Quando se falava de marketing, falava-se implicitamente de propaganda, que era a forma básica de comunicação na época. Aos poucos, surgiram outras formas de comunicação promocional e o marketing logo se expandiu. Pouco a pouco o pêndulo da balança passou para o lado das empresas.

Por volta dos anos 70, eram as empresas que planejavam e desenvolviam suas atividades de marketing com total independência e não precisavam mais da ajuda das agências, mas por vinte anos foi muito importante essa ajuda.

> No início, o Marketing no Brasil era usado como forma de educar o consumidor para novos produtos, novas necessidades, para divulgar as maravilhas que seria a vida com a batedeira de bolo, com o liquidificador, com a geladeira ou com o aspirador de pó, por exemplo. E de certa forma, criando necessidades que ainda não existiam. E mostrando, criando problemas para o consumidor, apresentando como resolver (GRACIOSO, 2013).

Era um marketing essencialmente de divulgação e educação do consumidor. Na época, não havia preocupação com a competição entre as marcas; o mercado potencial era tão grande e havia tão pouca oferta que ao invés de brigar entre si, os industriais resolveram se concentrar no consumidor.

Foi nesta época que grandes marcas que hoje ainda dominam o mercado se sedimentaram no Brasil. Foram anos decisivos a partir de 50 até o final da década de 60, início de 70. O panorama das grandes marcas brasileiras de produtos de consumo se definiu desta forma.

Nos anos 60, com o golpe militar, a economia brasileira mudou completamente. Ela se tornou mais planejada, mais voltada para o desenvolvimento, ajudando as empresas e criando ainda mais estímulo para o progresso social e econômico.

Não se deve ignorar que foi essa a época de maior crescimento social e econômico da história brasileira, com taxas de 7,5% entre 1970 e 1980. Foi a década dourada da economia brasileira. Também neste período, as empresas aproveitaram para se expandir junto com a economia, empreendendo esforços de marketing, especialmente de propaganda, mesmo sem ser necessário; ainda não havia muita concorrência no Brasil naquela época. Essa situação estimulou ainda mais o consumo.

A estrutura social tornava-se cada vez mais elaborada, mais complexa, criando necessidades novas. Uma delas era o automóvel, que começou a ser fabricado no Brasil já no início dos anos 60 e rapidamente se transformou em febre e paixão da classe média ascendente.

O marketing dessa época representava um conjunto de ações com fins de consolidação de marcas. Ele não tinha como o principal objetivo a disputa entre as marcas (até hoje no Brasil, há pouca concorrência entre marcas, característica essencial do marketing em outros países).

De acordo com o Professor Gracioso (2013), "A economia brasileira nunca foi muito competitiva. E na área de produtos de consumo, os principais problemas eram de expansão, de consolidação de marcas. Foi isso que levou a indústria a se acomodar com os custos de produção elevados que ainda hoje vigoram no país".

O modelo de negócios no Brasil continua baseado em altas margens e custos elevados, justamente pelo fato de que a concorrência aqui nunca foi tão acirrada quanto em outras regiões do mundo.

E neste sentido, as poucas empresas nacionais que existiam em meados da década de 1970 acabaram sendo engolidas pelas empresas americanas.

> Os empresários brasileiros culpavam o capital o estrangeiro; diziam que as multinacionais tinham mais dinheiro. Não, elas não tinham mais dinheiro. Elas tinham mais experiência e elas tinham o domínio da filosofia de marketing que faltava no Brasil, mesmo para os grandes empresários como Alpargatas, Fundição Brasil que é a Continental e quantas outras enormes empresas (GRACIOSO, 2013).

As empresas que foram engolidas eram incapazes sequer de entender o que estava acontecendo; lhes faltava conhecimento, estratégia e competitividade para lidar com as multinacionais. Também era muito comum o problema de sucessão, com herdeiros se digladiando pelas organizações construídas por suas famílias. Foi uma tragédia que acabou com a maior parte das indústrias brasileiras de produtos de consumo.

Até 1980, os profissionais de marketing se depararam com uma economia próspera, uma classe média ávida por novos produtos e um terreno fértil para o desenvolvimento de suas empresas. A propaganda brasileira, que era uma grande arma de comunicação do marketing nos anos 80 (os publicitários chamam a época entre 1970 e 1982/83 como a década dourada da propaganda), era muito mais criativa do que hoje. Era muito mais inspirada, corajosa e audaciosa, mas isto não era apenas reflexo da formação dos publicitários da época. Era também o fato de o mercado permitir certas decisões mais arriscadas, porque não havia tanto a se perder se uma campanha não desse certo (GRACIOSO, 2013).

Segundo o Professor Gracioso (2013), "A partir dessa época 82 e 83, a economia brasileira se fechou novamente. A inflação se tornou galopante. Foi uma década perdida, a década de 80. O marketing passou a ser totalmente desnecessário, não havia competição".

Com relação à inflação, pode-se afirmar que ela inibiu o desenvolvimento do marketing no Brasil; "a inflação fazia com que as marcas concorrentes tivessem aumentos expressivos de preços em ritmos desordenados e times desordenados, fazendo com que marcas de uma semana para outra pudessem passar da mais cara para amais barata dentro do elenco de marcas que concorriam para um segmento" (PARENTE, 2013).

O maior impacto da inflação sobre o consumidor foi sobre sua sensibilidade ao preço, tornando-o menos fiel às marcas. Este fato, impediu que as marcas se diferenciassem efetivamente, assim como não permitiu que o varejo percebesse seus diferentes posicionamentos. Com isso, o consumidor ficou pouco receptivo a produtos e novidades que ofereciam maior valor agregado, mas que, em contra partida, custavam mais caro (PARENTE, 2013; GELMAN, 2013).

De acordo com o Professor Parente (2013), este aspecto também levou os gestores de marketing a concentrar sua atenção e seus esforços no curto prazo. Somente nos últimos anos, incentivada pelo aumento da velocidade da comunicação proporcionado pela internet e pelas novas tecnologias, assim como pela pressão da sociedade (através de redes sociais ou não), é que as organizações começaram a olhar para questões como a responsabilidade social, a responsabilidade ambiental, a sustentabilidade, a logística reversa, e efetivamente direcionar sua atenção para a orientação para mercado.

Ainda sobre o período de elevada inflação, o Professor Gelman (2013) aponta uma inteligente prática adotada pelo Carrefour. Segundo o relato do professor,

> O Carrefour sacou e puxa... teve um período muito interessante aqui com a história deste país, em que assim, o Carrefour vendia com preços 30%, 40% mais baratos do que todos os outros supermercados. Ele fazia o rebate, ou seja, repassava ao consumidor a margem que se colocava como previsão à inflação, que era de 30 a 40%. O [... fornecedor concedia] 45 dias de prazo, mas embutia essas taxas e ainda colocava o mark-up em cima. Como ganhava-se mais dinheiro no giro financeiro, eles faziam o rebate e vendiam muito mais (GELMAN, 2013).

O Professor Campomar (2013) também comenta que durante este período, muitas empresas perceberam que o lucro não estava em seus produtos, mas na administração das finanças da empresa. Daí o crescimento da influência e do poder dos Departamentos Financeiros no Brasil. "Os caras começaram a ganhar dinheiro no mercado financeiro, vendendo mais barato, mas ganhando no giro" (CAMPOMAR, 2013).

Em entrevista para essa pesquisa, o Professor Gracioso (2013) relembra que

> [...] o presidente da Nestlé, Jean-Pierre Brulard – eu tinha a conta da Nestlé na época – me disse uma vez: 'Gracioso, quem dirige a Nestlé não sou eu. Eu sou presidente no papel. Quem dirige é o Sr. Delfim. É o Ministro da Agricultura que diz quanto leite eu posso tratar. É o Sr. Delfim Netto que diz que preço eu posso cobrar; é o fornecedor das latas da folha de flandres que diz quantas latas que eu vou produzir. Enfim, era uma economia totalmente dominada pela inflação e pela escassez e pelo planejamento centralizado pelo governo militar (GRACIOSO, 2013).

Como forma de tentar conter a inflação, o governo iniciou o controle de preço com a atuação do Conselho Interministerial de Preços (CIP). Criou-se uma situação muito complicada para as empresas, que acabou com sua rentabilidade. Ainda assim, a inflação não foi detida.

Conforme comentado pelo Professor Toledo (2013), pelo Professor Gelman (2013) e pelo Professor Gracioso (2013), ninguém sabia mais o que fazer, a não ser tentar sobreviver. Foram 10 anos realmente perdidos e o marketing brasileiro acompanhou esta situação.

O panorama só mudou na década 1990 com a política do então Presidente da República Fernando Collor de Mello. Em seu curto mandato, ele abriu a economia para o exterior e vários decretos que ainda hoje continuam beneficiando a economia foram criados.

> A redução da inflação, a qual permitia que anos de planejamento e as falhas no processo de *marketing* fossem de certa forma atenuados, também foi um fator que propiciou o aumento da procura por informações de mercado, uma vez que preços mais adequados, distribuição mais eficiente e maior velocidade de rotação de estoque tornaram-se absolutamente necessários para a continuidade das empresas (LIMA FILHO; POWELL, 1978, p. 70).

A economia teve certo alento, mas apesar dos esforços empreendidos e do Plano Collor, o governo não conseguiu acabar com a inflação. "O Brasil não estava pronto ainda para acabar com a inflação. Havia muita indisciplina econômica, tanto no governo federal quanto nos governos estaduais, que tinham naquela época os bancos estaduais que podiam emitir moeda, emitindo títulos do financiamento dos governos estatuais" (GRACIOSO, 2013).

Nesse sentido, o grande o mérito que começou com o governo do Presidente Itamar Franco foi o fato de ele ter se rodeado de bons economistas que começaram a colocar ordem nas finanças públicas e criaram a Lei de Responsabilidade Fiscal. Também criaram leis que acabaram com os bancos estaduais, fornecendo as condições necessárias para que a disciplina fiscal pudesse prevalecer. Diversos profissionais muito qualificados integraram sua equipe: Fernando Henrique Cardoso, Pedro Malan, Armínio Fraga e Edmar Bacha, por exemplo.

A partir de então, a estrutura estava pronta para o lançamento do Plano Real, que veio acompanhado de medidas de abertura da economia.

> O Brasil viveu uma fase gloriosa, mas infelizmente de curta duração. Houve uma nova fase dura, mas de 1992 até 1996/97 foram cinco anos de grande expansão e crescimento econômico, acima de 5% a 7%. E o marketing se beneficiou, e as grandes empresas acreditavam naquela época que o Brasil estava curado e começaram investir forte (GRACIOSO, 2013).

Diversas empresas perceberam tarde demais que o Brasil ainda não estava realmente pronto para o marketing moderno. A classe média estava tão depauperada pela inflação que não tinha mais condições de consumir. Houve uma ilusão de poder econômico da classe média quando a inflação acabou.

Por este motivo e com a modernização e a concentração do varejo brasileiro, um marketing cada vez mais sofisticado, mais diversificado começou a nascer no Brasil. As grandes redes de supermercados e as grandes redes de lojas, como Casas Bahia, Ponto Frio e assim por diante, estruturam-se a partir dos anos 1990. Sua nova estrutura lhes possibilitou enfrentar de igual para igual as forças dos consumidores.

> O marketing dos fabricantes, que até então dominava o ponto de venda, viu o cenário mudar drasticamente. A antiga certeza de que os pequenos supermercados agradeceriam a colocação de material promocional, a colocação de pontas de gôndola e a colocação de promotores desapareceu. De repente, os supermercados, agora organizados em grandes redes, passaram a dizer aos fabricantes de produtos de consumo 'quem manda aqui dentro somos nós e nós vamos ditar as cartas daqui pra frente' (GELMAN, 2013).

A nova realidade criou uma forma de pressão sobre a indústria, obrigando-a a ser mais eficiente e mais competitiva. A competição deixou de estar entre as marcas. Os fabricantes passaram a competir pela preferência da cadeia. "Uma grande marca de televisão, como a Philips, por exemplo, não está preocupada com apenas com a TV Sony. Eles estão preocupados em garantir o seu espaço na planilha de compras das Casas Bahias ou do Ponto Frio qualquer que seja o varejista" (GRACIOSO, 2013).

Concluindo o panorama de evolução do ambiente de marketing no Brasil, outros dois aspectos merecem atenção. Um deles é o crescimento do marketing de serviços no país.

A abordagem tradicional do marketing, o marketing de produtos, manteve sua posição hegemônica até o início do século XXI por uma questão histórica. Como comenta Campomar (1984), "o marketing surgiu e cresceu sob a égide dos bens de consumo e das empresas com fins lucrativos".

Os serviços, sua evolução e seu consumo, exigem uma classe média mais sofisticada, com mais poder discricionário de compra. E isso não é algo que uma empresa possa criar, por maior que seja sua capacidade estratégica ou financeira. Foi necessária uma lenta evolução do ambiente socioeconômico brasileiro para que o mercado consumidor de serviços se estabelecesse.

Atualmente, em uma grande cidade como São Paulo, 75% dos orçamentos das famílias é consumidor com serviços: serviços financeiros, educação, saúde, lazer, viagens, telecomunicações, etc.

Esse novo cenário abriu um fabuloso mercado para o setor de marketing de serviço no Brasil. "Foi o que faltava para se fazer do marketing brasileiro um marketing mais moderno, mais completo, pois estávamos muito focados em produtos. O resto do mundo já tinha descoberto o marketing de serviços há muito tempo" (GRACIOSO, 2013).

Hoje no Brasil, a maior parte das atividades de marketing, inclusive a maior parte da propaganda, são desenvolvidas na área de serviços. Na área de produtos, as empresas gastam cada vez menos em marketing. Vive-se uma realidade de servicificação de todos os bens.

Atualmente, há campanhas publicitárias na televisão que não vendem mais a marca como um detergente para lavar roupas, por exemplo. No anúncio, é oferecido um conselheiro da dona de casa para assuntos de limpeza e higiene no lar. Isto é uma decorrência de algo que vai mudar o marketing nos próximos anos radicalmente.

Para o Professor Gracioso (2013), este é o marketing do futuro, onde cada produto será oferecido em um contexto de serviços. Esta afirmação não está totalmente desalinhada com o que o professor previu em seu artigo de 1990, redigido para a obra organizada por seus colegas na ESPM. No texto, o Gracioso (1990) afirma que

> Mas, sem qualquer sombra de dúvida, o papel fundamental que o *marketing* deverá desempenhar na próxima década transcende o seu papel estrito para situar-se no âmbito da filosofia de negócios. As grandes empresas, principalmente as de origem estrangeira, estão cada vez mais 'orientadas para o mercado', no sentido de que consideram o mercado (e o ambiente externo, de modo geral) como a arena estratégica onde se decidirá o futuro (GRACIOSO, 1990, p. 94).

Avançando mais, outro aspecto que merece atenção é o marketing Digital. Ele tem quebrado diversos paradigmas e mudado a forma de se fazer negócios em muitos aspectos.

Um deles é a venda no varejo. Hoje, as vendas on-line são uma realidade e não param de crescer. Mesmo em setores mais tradicionais como o automobilístico, nos quais a venda ainda não ocorre pela internet, parte considerável do processo de decisão ocorre em ambiente virtual. Muitos consumidores montam e escolhem o que querem na internet e depois vão à revendedora apenas para concretizar o negócio.

É possível que a venda on-line dobre de tamanho nos próximos cinco anos, tornando-se o grande canal de marketing para chegar ao consumidor (COSENZA, 2013; GRACIOSO, 2013).

O segundo grande trunfo do marketing digital é o relacionamento comercial e social entre empresas e entre pessoas. No mercado B2B, a internet é o veículo de comunicação e de relacionamento preferido pela maior parte das empresas.

De serviços a fabricantes de produtos de metal, as empresas, via de regra, correspondem-se com seus clientes e fornecedores, nacionais ou internacionais, através da internet. Encomenda-se pela internet, paga-se pela internet e assim por diante.

Quanto ao relacionamento proporcionado pela internet, deve-se destacar também o fato de o universo digital facilitar o relacionamento social. Ele é importante porque as redes sociais estão se transformando rapidamente em formadores de opinião, principalmente entre os jovens.

Todo o contexto de marketing está cada vez mais atrelado à internet: marcas, produtos, experiências comerciais e assim por diante. Como comenta o Professor Gracioso (2013), "Não é mais possível imaginar um contexto de marketing que não leve em consideração a realidade das redes sociais".

O terceiro, mas não menos importante, uso da internet está relacionado às novas possibilidades de se fazer propaganda. A principal, sem dúvidas, é a utilização das ferramentas Google.

Justamente em um momento em que alguém precisa de um produto ou serviço, à distância de um clique, as ferramentas do Google incumbem-se de apresentar a solução para o internauta. Por este motivo, o Google é hoje o segundo grupo de mídia do Brasil. "Sua previsão de faturamento para 2013 foi de R$ 3,5 bilhões. Esta é a soma dos serviços que eles oferecem para as empresas e anunciantes. É uma quantia duas vezes maior que o volume da Editora Abril com toda as suas revistas" (GRACIOSO, 2013).

Na Inglaterra, por exemplo, a internet já responde por 34% dos investimentos publicitários. O Brasil ainda não chega nem a 10%, mas a perspectiva de crescimento é grande.

Esse novo paradigma impõe às empresas a necessidade de reaprenderem a fazer negócios. Em virtude de práticas mal planejadas e do despreparo de gestores de marketing, muitas acabam virando reféns em muitos aspectos das redes sociais.

Um exemplo simples é o caso dos políticos. Eles tremem de medo de comentários negativos na rede, tentando monitorar tudo o que é dito e buscando formas de gerenciar os temas.

O cenário digital ainda é uma realidade para um público mais jovem, na faixa dos 30 anos. Mas à medida que eles envelhecem, eles continuarão ligados às redes sociais e os jovens, as crianças de hoje, chegarão para tomar o seu lugar. É uma tendência difícil de ser freada.

A síntese apresentada evidencia que a história do marketing foi marcada por um processo evolutivo, adaptativo às mudanças ambientais. Não houve uma "profissionalização", mas uma formalização de conceitos e teorias, ocorrida através de um processo natural, sem grandes saltos.

A disciplina ganhou espaço tanto na academia quanto nas empresas, passando de um conjunto de atividades pouco valorizadas, ainda durante uma fase de foco no produto e em vendas (*product concept* and *selling concept*), para um papel central no desenvolvimento de estratégias corporativas (*Marketing concept*).

Também é interessante observar que seu momento atual, ocorre uma migração do modelo de marketing americano, comercial/transacional, para o modelo de marketing da escola nórdica. O modelo gerencial, envolvendo decisões de 4 Ps perde relevância para a criação de valor e de relacionamento entre os envolvidos no processo de troca.

Retomando o raciocínio, é interessante observar que o pensamento de marketing evoluiu de uma prática estritamente empresarial, da troca entre duas entidades, para um pensamento social, um processo complexo que envolve diversos interesses que não se limitam à esfera econômica. Neste novo paradigma, o cerne do marketing deixa de ser a troca de bens e passa a ser a criação e entrega de valor. Isso não significa que todas as organizações tenham adotado esta nova orientação e posicionamento.

Contudo, é importante esclarecer que o conceito de valor não é novo. No início, ele estava relacionado à mercadoria, a sua utilidade (conceito originado na Economia). Em sua evolução, o conceito passou pela questão da troca e atualmente, está relacionado ao relacionamento entre as partes e ao longo de toda a cadeia. Como o foco do presente estudo não é o conceito de valor, o tema não será esgotado.

A questão foi abordada em virtude de seu papel central na quebra de paradigma ocorrida na década de 1980 e na nova perspectiva adotada ao longo das duas últimas décadas, fatos evidenciados pelos trabalhos de autores como Stephen Vargo e Robert Lusch (2004), Evert Gummesson (2007), Paul Maglio e Jim Spohrer (2008), e Andra Ordanini e A. Parasuraman (2011).

O novo contexto do marketing levou Kotler e Keller (2013) a proporem uma reclassificação do composto de marketing de McCarthy de 1964, sendo os novos Ps: i. Pessoas, ii. Processos, iii. Programas e iv. Performance. Ainda neste contexto, também pode ser citada a posição de Gummesson (2007, p. 115-116, tradução nossa): "Pegue qualquer serviço e há elementos de bens; tome qualquer bem e há elementos de serviço [..., de modo que] a discussão entre bens e serviços deve ser abandonada".

Uma última mudança que merece atenção é a migração do paradigma de marketing de interrupção, amplamente utilizado até hoje (anúncios impressos em revistas; reclames comerciais na televisão e no rádio, interrompendo a programação; ligações telefônicas e mensagens eletrônicas não solicitadas, entre tantas outras ações) para o marketing de Permissão.

O termo marketing de Permissão foi cunhado por Seth Godin em 1999 e está relacionado à possibilidade de o consumidor optar por e aceitar relacionar-se com uma instituição (empresa), sendo impactado apenas por peças de comunicação do seu interesse, ao invés de ser obrigado a ver e ouvir todo o tipo de material de comunicação de massa.

Este novo paradigma, está alinhado ao que Oliveira (2004) chamou de o quarto desafio do marketing para o futuro. Segundo o autor, com o avanço da tecnologia e a maior possibilidade de exploração de bancos de dados, é possível que ocorram cada vez mais choques com os avanços dos instrumentos de defesa do consumidor em termos de proteção de sua privacidade. Em seu texto, o professor comenta que o profissional de marketing deverá direcionar esforços para equilibrar "o máximo conhecimento do consumidor e a mínima invasão do espaço privado" (OLIVEIRA, 2004, p. 43).

A Figura 1 a seguir apresenta a evolução do marketing a partir do seu principal foco.

Figura 1 – A evolução do marketing

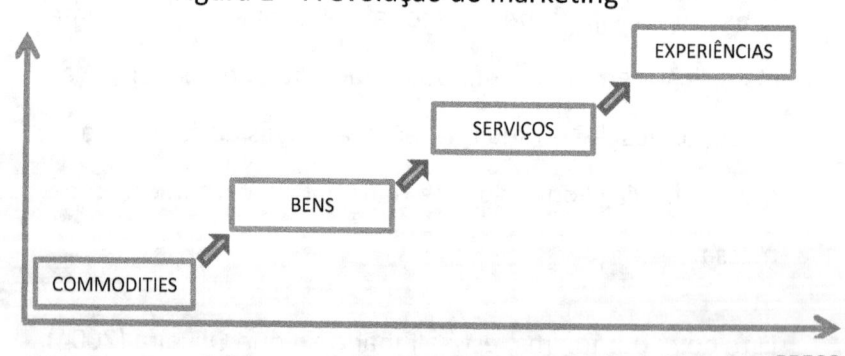

Fonte: Brezzo e Cobra, 2010, p. 245

A relevância deste tema pode ser explicada pelo fato de que um dos aspectos do ambiente de mídia que tem causado maior discussão com relação à propaganda é o problema da saturação, ou seja, a quantidade excessiva de propaganda nos mais diversos meios de comunicação.

Belch e Belch (2008) comentam a saturação, observando que ela é

> uma preocupação que cresce cada vez mais entre os anunciantes, já que o número de anúncios competindo pela atenção do consumidor é cada vez maior nas várias mídias. Mais da metade das páginas de uma revista comum contém anúncios e em algumas publicações a razão entre as páginas de anúncios e as de conteúdo editorial é maior ainda. Em média, perto de um quarto do que se passa em uma televisão é de caráter comercial, enquanto a maioria das estações de rádio tem uma média de 10 a 12 minutos de comerciais por hora (BELCH; BELCH, 2008, página 188).

Segundo Ikeda e Crescitelli (2003), o grande desafio para as empresas, em termos de comunicação, é desenvolver formas de se sobressair nesse cenário e fixar sua mensagem na mente dos clientes, que são expostos "[...] a aproximadamente 1 milhão de mensagens comerciais por ano, cerca de 3 mil por dia" (GODIN *apud* MACHADO, 2009, página 1).

Neste cenário, percebe-se uma quebra de paradigma. Conforme comenta Longo (s.d.), "[...] nunca se questionou tanto o real valor e eficácia da inserção publicitária tradicional, seja ela no formato de um comercial de 30 segundos ou uma página de revista ou jornal". Além disso, a disputa deixou de ser pela audiência e pelo espaço, passando a ser pela atenção do consumidor ou do *shopper* – segundo os mais recentes textos sobre marketing.

Bourg (2007) reforça esta questão, afirmando que a falta de atenção do público tem gerado a preocupação em se entender os motivos que levam o consumidor a parar de assistir uma propaganda.

Apesar de a propaganda sempre ter sido considerada o mais importante instrumento de comunicação de marketing, o atual cenário tem levado autores, como Crescitelli (2004), a acreditar que a propaganda está perdendo sua hegemonia, como instrumento capaz de influenciar o comportamento dos consumidores.

> Para vencer a barreira da saturação cada vez maior, os anúncios precisam ser mais atraentes, mais ousados, para chamar a atenção do consumidor e mantê-la durante tempo suficiente para sua mensagem ser transmitida. Mas, mesmo quando o anúncio é inteligente ou inusitado o bastante para chamar a atenção, em geral é logo esquecido. [...] Ao que tudo indica, uma estratégia adotada por muitas pessoas para enfrentar a sobrecarga de informações é esquecer imediatamente a maioria das mensagens dos meios de comunicação logo depois de recebê-las (ADLER; FIRESTONE, 2002, página 31).

Por último, é importante se observar que em um panorama em que a internet está presente na vida da maior parte das pessoas e as redes sociais ganham força, é crucial para o sucesso das empresas que o comportamento do novo consumidor, do *shopper*, seja bem compreendido e pessoas chave – os *tipping points*, conforme descrito pelo autor americano, Malcolm Gladwell – sejam identificadas e devidamente utilizadas.

Além da complexidade do ambiente de marketing, outro fator também é apontado por diversos acadêmicos como um obstáculo aos avanços de marketing da empresa: de modo geral, os executivos não querem se comprometer com o futuro; o risco é muito grande e por este motivo, preferem manter decisões de curto prazo. Esta também é a razão pela qual Sistemas de Informação de Marketing não são desenvolvidos plenamente por todas as organizações e o planejamento de marketing não é amplamente utilizado, muitas vezes até boicotado e ignorado.

Com relação às mudanças no ambiente de marketing, apresenta-se um conjunto de aplicações de marketing que surgiram com o desenvolvimento da disciplina, organizados por Cobra e Brezzo (2010), e na sequência, os principais marcos históricos que definiram o que é o marketing atual.

As aplicações são:

i. Marketing Direto
ii. Marketing Social
iii. Marketing de Relacionamento (Relationship Marketing)
iv. Affiliate Marketing
v. Marketing de Cooperação

vi. Marketing de Base de Dados
vii. Marketing sem Fins Lucrativos (Nonprofit Marketing)
viii. Marketing Global
ix. Marketing On-line
x. Marketing de Pessoas (Person Marketing)
xi. Marketing Geográfico
xii. Marketing de Permissão (Permission Marketing)
xiii. Marketing Verde (Green Marketing)
xiv. Piggyback Marketing
xv. Marketing Interno
xvi. Marketing Político
xvii. Marketing Revertido (Reverse Marketing)
xviii. Marketing com Responsabilidade Social
xix. Marketing Viral
xx. Marketing Lateral
xxi. Marketing Holístico

Os marcos históricos apontados por Ismael Rocha Jr., José Roberto Whitaker Penteado e Marcelo D´Emídio (2014) e por Marcos Cobra e Roberto Brezzo (2010) como os mais relevantes, década a década, são apresentados a seguir:

Entre as décadas de 1940 e 1950
- *Mix* de Marketing
- Ciclo de Vida do Produto
- Imagem da Marca
- Segmentação do Mercado
- O Conceito Moderno de Marketing
- Auditoria de Mercado

A década de 1960
- Miopia em Marketing
- Estilos de Vida
- Conceito de *Mix* de Marketing
- Teoria da Ação Racionalizada
- Segmentação por Benefícios
- Modelo Teórico do Comportamento do Consumidor de Howard e Sheth
- Conceito Ampliado de Marketing
- Marketing de varejo
- Administração de Marketing
- Posicionamento (ROCHA Jr. *et al.*, 2014)

Década de 1970
- Modelos de Comportamento de Compra
- Marketing Social
- *Demarketing*
- Modelo de Comportamento de Compra Industrial
- Posicionamento (COBRA; BREZZO, 2010)

- Marketing Estratégico
- Marketing Ativista e Societal
- Macromarketing
- Marketing de Serviços
- Análise de Portfólio de Produtos
- Marketing de rede

Década de 1980
- Marketing de Guerra/Guerrilha
- Marketing Interno
- Marketing Global
- Marketing Direto
- Megamarketing
- Marketing Pessoal
- Marketing de Causas

Década de 1990
- *Customer Relationship Marketing* (CRM)
- *Networking*
- Valor Vitalício do Consumidor
- Marketing de Permissão
- Gestão de Marcas (*Branding*)
- Marketing Verde
- Endomarketing

Década de 2000
- Marketing Lateral
- Marketing Holístico
- Marketing Viral e *Buzzmarketing*
- Marketing Sensorial, Vivencial e/ou Experiencial
- *Cybermarketing*

Também cabe acrescentar o Marketing 1:1; desenvolvido por Don Peppers e Martha Rogers, em 1993, o conceito preconiza que o profissional de marketing deve, no limite, desenvolver um *mix* de marketing para cada consumidor.

Mais recentemente, a área de marketing vem se ajustando às mudanças tecnológicas e buscando formas de melhorar a experiência do usuário. A abordagem tradicional do marketing, o marketing de produtos, manteve sua posição hegemônica até o início do século XXI por uma questão histórica. Como comenta Campomar (1984), "o marketing surgiu e cresceu sob a égide dos bens de consumo e das empresas com fins lucrativos". Nos últimos anos, os serviços têm ganhando espaço. Esse novo cenário abriu um fabuloso mercado para o setor de marketing de serviço no Brasil. "Foi o que faltava para se fazer do marketing brasileiro um marketing mais moderno, mais completo, pois estávamos muito focados em produtos. O resto do mundo já tinha descoberto o marketing de serviços há muito tempo" (CAMPOMAR, 2013). Para o professor Gracioso (2013), este é o marketing do futuro, onde cada produto será oferecido em um contexto de serviços.

O outro aspecto que merece atenção é o marketing digital. Ele tem quebrado paradigmas e mudado a forma de se fazer negócios em muitos aspectos. Novas formas de divulgação e relacionamento, e novas dinâmicas foram criadas com o advento da internet e das redes sociais (GRACIOSO, 2013; PARENTE, 2013). Podem ser citadas a utilização de chatbots em atendimentos, maior interação entre marcas e consumidores, ampliando o poder de interação e viabilizando a inclusão de toda e qualquer pessoa, impondo maior velocidade de resposta das empresas e tantas outras mudanças na comunicação e na criação e entrega de valor (KOTLER; KARTAJAYA; SETIAWAN, 2016).

Destaca-se também o impacto causado pelas tecnologias exponenciais em termos de criação e customização de produtos (*crowdsourcing*, *crowdfunding*, cocriação, impressão 3D, SAAS e demais produtos digitais, entre outros) e o poder do varejo on-line. O e-commerce tem crescido constantemente no Brasil e no mundo (CAMPOMAR, 2013; COSENZA, 2013). O marketing mobile, interações por meio de *smartphones*, e o geomarketing, "nova disciplina dentro do marketing que se apoia na utilização das novas tecnologias chamadas genericamente *Geographical Information System* (GIS)" (COBRA; BREZZO, 2010, p. 223), são outras realidades às quais as organizações devem se adaptar. Novas técnicas e ferramentas de mineração e análise de dados são cada vez mais recorrentes, melhorando a qualidade das decisões de marketing. Por meio do uso de *Big Data* e da tomada de decisão baseada em dados, a área de marketing ganha um viés mais estratégico, melhora sua compreensão sobre o comportamento do consumidor (atual e futuro) e passa a ter métricas mais claras, objetivas e efetivas sobre suas ações. Percebe-se, assim, que todo o contexto de marketing atual está cada vez mais atrelado à internet: marcas, bens e serviços, experiências comerciais e sociais. Como comenta o professor Gracioso (2013), "Não é mais possível imaginar um contexto de marketing que não leve em consideração a realidade das redes sociais".

Concluindo este relato sobre as mudanças no ambiente de marketing, é pertinente apontar outro braço do marketing que vem ganhando destaque: o trade marketing, área responsável pela criação, planejamento e implementação da decoração, da comunicação interna, do layout de lojas (principalmente de varejo) e das ações de *merchandising*, assim como da disposição e reposição de mercadorias nas prateleiras e gôndolas.

2.1 Alguns Pioneiros

O presente subcapítulo, extraído do relato de Francisco Gracioso (2014), enumera diversos nomes pioneiros do marketing no Brasil. Trata-se de uma relação exclusivamente de profissionais de mercado. Os pioneiros no âmbito acadêmico serão apresentados em capítulo específico, quando serão narradas as histórias da EAESP/FGV, da FEA/USP e da ESPM.

Em seu texto, o professor e publicitário comenta ter hesitado antes de definir a apresentação de nomes pelo risco de se esquecer de pessoas merecedoras, mas destaca:

> [...] Osvaldo Ballarin e Emile Meyer (Nestlé); William James Pepper (Johnson & Johnson); José Roberto Whitaker Penteado (pai); Richard Dolan (Swift-Armour); Brian Lahr (Atlantis); Joseph O'Brien (American Home Products); Getúlio Ursulino Neto (Lacta); Francesco Retti e Duilio Braccesi (Martini & Rossi); Antenor Negrini; Gilberto Lacê Brandão (Bozzano); Gastão Pupo Jr.; Joaquim Caldeira (Gessy Lever); Lane Blocker Jr. (Refinações de Milho Brasil); Keith Bush (Alpargatas); Otto Hugo Scherb (inicialmente da 3M); Werner Woserow (Walita); Harry Simonsen Junior; Ítalo Éboli e muitos, muitos outros. Estes homens eram, quase todos, "clientes", isto é, eram executivos do "outro lado da cerca", como dizem os profissionais de agências de propaganda. Mas, nessa fase pioneira, houve também muitos profissionais brilhantes do lado das agências, que figuram

entre os primeiros brasileiros assimilar, praticar e pregar os princípios atuais do marketing. A maioria deles, justiça seja feita, concentrava-se na grande escola que foi a J. Walter Thompson, sob a direção esclarecida de Robert Merrick. Eram homens e mulheres como Renato Castelo Branco, Caio Domingues, Antônio Nogueiras, Charles Dulley, Juan Corduan, David Brandão, Hikda Ulbricht e Hélio Silveira da Motta.

Nunca mais, na história da nossa propaganda, tantas pessoas tão brilhantes se reuniram sob o mesmo teto. Mas era também digna de respeito a turma da McCann-Erickson, com David Monteiro, Ítalo Éboli, Edmur de Castro Cotti (que ajudou a construir o império Bombril), Geraldo Santos e Francisco Gracioso.

Havia também muita gente boa na Lintas, sob a batuta do grande dublê de publicitário e homem de marketing que foi Rodolfo de Lima Martensen. E havia também elementos de grande valor nas agências cariocas, que atendiam muitas contas de expressão nacional. Grandes profissionais, como Armando Sarmento e Emil Farhat (McCann-Erickson), Armando d'Almeida (Inter-Americana), Cícero Leuenroth (Standard) e Geraldo Alonso (Norton), não eram apenas administradores de agências, mas, também, homens com uma sensibilidade instintiva para o marketing, que orientavam e aconselhavam pessoalmente muitos clientes (GRACIOSO, 2014, p. 40).

3 O MARKETING NA ACADEMIA

A história do marketing na academia no Brasil está diretamente relacionada ao surgimento e evolução do curso de Administração de Empresas. Por este motivo, é pertinente que algumas palavras sejam tecidas também sobre a história deste curso, cujos primórdios remontam a 1854.

Foi neste ano em que o Deputado Angelo M. da Silva Ferraz apontava para a necessidade de melhor preparo profissional dos servidores públicos, uma vez que a "Aula de Comércio", ministrada principalmente no Rio de Janeiro, "não os habilitava para as funções que deviam exercer" (TOLEDO; TREVISAN, 1984, p. 67).

Os autores apontam ainda que foi no ano de 1879 em que

> Leôncio de Carvalho defendeu maior especificidade no curso de Ciências Sociais, de modo a melhor preencher seus objetivos quanto ao preparo de administradores, políticos e diplomatas. A reforma que leva seu nome inclui cadeiras específicas de Administração no currículo de Ciências Sociais das Faculdades de Direito: Higiene

Pública, Ciência das Finanças, Contabilidade do Estado e Diplomacia e História dos Tratados (TOLEDO E TREVISAN, 1984, p. 68).

Outra figura que merece destaque no início do curso de Administração no Brasil é Rui Barbosa, pioneiro que defendeu a necessidade de que fosse criado no país um curso superior para formar os administradores públicos. Em 1882, ele sugeriu a introdução da cadeira de Sociologia, em substituição à de Higiene Pública, assim como a criação da cadeira de Crédito e de Moeda e Bancos.

Anos mais tarde chegaram ao Brasil as ideias de Frederick Wilson Taylor e de Henry Ford, pais da Administração Científica, inspirando novas formas de se ensinar administração. Tais ideias predominaram o cenário acadêmico até o início da década de 1940.

Com o aumento da complexidade do mercado e em meio ao projeto político de substituição das importações, percebeu-se a necessidade de se formar profissionais preparados para a gestão de organizações. É neste contexto que surge a primeira escola de gestão do Brasil, criada em São Paulo, que na década de 1940 já despontava como capital econômica e industrial brasileira. Trata-se da ESAN, fundada em 1941, e posteriormente da Fundação Getúlio Vargas, em 1944.

A chegada do marketing à academia, ocorrida alguns anos mais tarde, não deixa de ter uma parcela de acaso. A disciplina foi introduzida no currículo das escolas em conjunto com outras a partir dos trabalhos de uma missão americana, trazida para o Brasil numa parceria entre o Governo e os Estados Unidos. Seu o intuito era desenvolver os conhecimentos na área de gestão e criar a Escola de Administração de Empresas de São Paulo da Fundação Getúlio Vargas em São Paulo. Até então, a FGV se limitava ao ensino da Administração Pública, através da EBAP – Escola Brasileira de Administração Pública – no Rio de Janeiro.

De acordo com Amatucci (2001, p. 36), antes de 1954 surgiram "cursos de cunho técnico, ministrados pelo IDORT – Instituto de Organização do Trabalho, fundado em

1931, pela ABP – Associação Brasileira de Propaganda, fundada em 1937, pela APP – Associação Paulista de Propaganda, também de 1937, e a partir de 1956, pela ADVB – Associação dos Dirigentes de Vendas.

Destaca-se também o surgimento, em 1969, da Fundação Brasileira de Marketing, primeira entidade a trazer a palavra "marketing" em seu nome e a ser totalmente voltada para o treinamento de pessoas nesta área específica.

E assim, a Administração surgiu como um curso de graduação em um panorama de desenvolvimento econômico, durante os governos de Getúlio Vargas e Juscelino Kubitschek. Também a propaganda se consolidou no Brasil neste período. De acordo com Duailibi (2005), foi a indústria automobilística que, durante o período juscelinista de desenvolvimento e de produção, criou realmente o negócio de agência, o negócio de propaganda.

Já no mercado, de acordo com o Professor Campomar (2013), o marketing chegou de forma errada.

> Quem eram os caras de marketing naquela época [entre o final da década de 30 e início da década de 60]? Não tinha; então eles cometeram um grande erro. Promoveram os gerentes de venda a diretor de marketing. No momento em que eles fizeram isso, foi um caos, porque o cara de vendas queria vender, ele podia decidir, mas ele não decidia, sobretudo os preços. Ele baixava os preços. Ele tinha poder sobre desconto e dava desconto para todo mundo, porque o que interessava era vender!

A consequência é bastante óbvia; a rentabilidade das empresas despencou e o marketing passou a ser banalizado, encarado como algo negativo ou que, no mínimo, não agregava valor aos negócios. "A partir desses prejuízos, passaram a mandar os executivos estrangeiros para cá" (CAMPOMAR, 2013). Como será comentado, o preço das importações de profissionais não foi baixo, mas foi algo necessário.

A vinda de estrangeiros para o Brasil, mais especificamente para São Paulo, levou também a mudanças na paisagem urbana. Segundo Campomar (2013), a Escola Americana do Morumbi (Graded – The American School of São Paulo) foi construída nessa época para receber os filhos dos diretores que vinham para o Brasil. Pouco tempo depois, percebeu-se que também seria necessário fornecer estrutura para as famílias católicas (CAMPOMAR, 2013). E assim, na zona sul também foi planejada uma vila com casas luxuosas, em terrenos enormes, surgindo, assim a Chácara Flora e, a seu lado, a Escola Maria Imaculada – Chapel School.

Esses executivos chegavam aqui sem saber nada do nosso mercado e, por isso, era necessário preparar executivos brasileiros para mesclar o conhecimento das técnicas com o conhecimento do mercado.

No início do marketing no Brasil, fora o papel preponderante de Raimar Richers, houve apenas iniciativas acadêmicas esparsas, concentradas entre São Paulo e Rio de Janeiro. O Professor Campomar (2013) cita, como exemplo, o trabalho de José Roberto Whitaker e de

Paulo Cesar Motta no Rio de Janeiro, e de Roberto Simões, em São Paulo.

A evolução do marketing no Brasil enfrentou diversos obstáculos. Um deles é a quantidade diminuta de material publicado sobre marketing no Brasil. De acordo com Adélia Franceschini (2013), como não há o objetivo nem o interesse de apresentar dados ao mercado (nem mesmo de debatê-los), "[...] tem pouca coisa registrada. Porque é de domínio da empresa, pertence ao mundo estratégico comercial. Nem nas próprias empresas eles registram, porque aquilo é altamente perecível".

Esta situação reflete o fato de o brasileiro não ter a característica do associativismo. De acordo com Adélia, diferentemente da sociedade americana, no Brasil, a congregação de profissionais ocorre de maneira muito tímida, em raras ocasiões. Nos Estados Unidos, ela ocorre de maneira intensa, envolvendo profissionais de empresa, acadêmicos, estudantes, pesquisadores etc., possibilitando maior troca de informações e de experiências. É uma questão cultural.

> A situação aqui é complicada! Nem dos meus principais clientes eu consigo tirar informação. Não sei se também é por que aqui estamos na filial e não na matriz e eles morrem de medo... não ousam nada... não evolui; e há lindos trabalhos que ficam enclausurados, não posso mostrar em sala de aula, nem em congresso (FRANCESCHINI, 2013).

Na academia também há problemas. De acordo com Adélia, muito se falou em marketing integrado, mas o cenário acadêmico é de cada vez maior isolamento dos pesquisadores. Cada um pesquisa um tema específico e não há troca entre eles, não há intercâmbio.

De acordo com Alves (1981), o cientista se aproxima de um pianista que se especializa em uma técnica (o trinado). Ele é extremamente capaz de executar a técnica e se destaca por isso. Contudo, ele não é capaz de interpretar uma sinfonia. É uma crítica bastante pertinente que faz alusão ao fato de as ciências não conversarem mais entre si, trocarem pouco.

E aproveitando a metáfora, é válido relembrar o ponto de vista de Richers (2000), segundo o qual um piano é um piano em qualquer parte do mundo. Em outras palavras, as técnicas de marketing são as mesmas em todo o mundo.

E isso abre espaço para o aumento do preconceito contra o marketing. Surge o "charlatanismo [...]. Camelô vira palestrante, sargento vira palestrante e por aí vai. [...] há muita literatura de autoajuda, muito evento em que se fala alguma besteira e se emite um certificado de participação... Em aula, é comum eu ouvir algo como: 'Pô, professor. Você ainda está nos 4 Ps... Hoje, já são dezoito!'" (GELMAN, 2013).

Com relação a uma teoria geral do marketing, todos os entrevistados foram unânimes: não acreditam que seja possível o desenvolvimento de uma. A disciplina é composta por um conjunto de conceitos e de fundamentos, alguns modelos e ferramentas. O restante é uma arte que envolve a combinação de tais elementos, com o objetivo de se adequar a oferta à demanda e de se equilibrar ambas. Com exceção de alguns aspectos específicos do Comportamento do Consumidor, não há que se falar em uma "ciência" do marketing (CAMPOMAR, 2013; COSENZA, 2013; COBRA, 2013).

Quanto ao desenvolvimento de uma literatura nacional de marketing, o Professor Parente (2013) comenta que não vê essa necessidade. "Os conceitos são os mesmos. Então eu acho que autores brasileiros deveriam contribuir, trazendo mais casos brasileiros, não para transformar os conceitos, mas para dar um pouco mais de relevância dos conceitos".

Nesse sentido, Raimar Richers apresenta opinião divergente: "Já que há tantos livros de Marketing, para que publicar mais um? Minha resposta é simples: a grande maioria das obras sobre Marketing lida com sociedades avançadas, e muitas de suas lições não se aplicam ao Brasil" (RICHERS, 2000, p. XVII).

3.1 A ESAN

Fundada em 1941, em plena ditadura de Getúlio Vargas (1930-1945), pelo padre jesuíta Roberto Sabóia de Medeiros, a Escola Superior de Administração de Negócios – ESAN – foi, durante os cinco anos seguintes, a única escola a formar administradores no Brasil. De acordo com Vale (2012, p. 23), a ESAN foi "a primeira escola a oferecer na América Latina cursos de Administração em nível superior". Contudo, como será comentado, seu reconhecimento como Curso Superior só ocorreu anos depois.

> Em plena Segunda Guerra Mundial, padre Sabóia foi aos Estados Unidos buscar um modelo de Escola de Administração e acertou em cheio: a **Graduate School of Business Administration** da Universidade de **Harvard**, que foi fundada em 1908 – e hoje é a maior referência mundial em Ciência da Administração (EGOSHI, s.d.).

Assim, a Administração surge como curso de graduação durante os governos de Getúlio Vargas e de Juscelino Kubitschek, momento em que os "setores agrícola e comercial dominavam a economia. O setor industrial ainda era pouco desenvolvido e atendia basicamente às necessidades locais" (OLIVEIRA, 2004, p. 38).

> A partir desse período é que o panorama socioeconômico brasileiro estará pronto para receber profissionais com esse conhecimento. Se por um lado aventa-se a hipótese de que o desenvolvimento econômico durante o governo getulista tenha ajudado a florescer e a legitimar cursos de Administração, por outro, o então Presidente da República fez diversas retaliações à USP, chegando inclusive a demitir professores da Faculdade de Direito do Largo São Francisco. Esta é uma das principais hipóteses para explicar o hiato temporal entre a fundação da FCEA, em 1946, e a assinatura do Decreto-Lei nº 6.283 de 25 de janeiro de 1934, que criou a USP. De fato, o secretário da Educação do Estado de São Paulo, Cristiano Altenfelder Silva, durante o governo do interventor Armando de Salles Oliveira (interventor federal em São Paulo de 1933 a 1935 e governador do estado de 1935 a 1936) chegou a defender publicamente que a Faculdade de Ciências Econômicas e Comerciais juntamente com Faculdade de Filosofia, Ciências e Letras (FFCL) realizariam os fins da Universidade de formar profissionais em todos os ramos e transmitir pelo ensino o conhecimento (VALE, 2012, p. 27).

No ano de 1945 é criada a Fundação Inaciana Padre Sabóia de Medeiros (FEI) pelo próprio Padre Roberto em conjunto com diversos instituidores, tendo como intuito a manutenção das faculdades que estavam sendo criadas.

É interessante, contudo, observar a afirmação de Gustavo de Sá e Silva (*apud* MUNHOZ, 1982, p. 224)

> Em 1954, a Escola Superior de Administração e Negócios [ESAN], inicialmente administrada pelo Padre Saboia, alegava ter sido a primeira Escola de Administração do país. Mas, na verdade, esta escola quando foi iniciada era manifestamente um curso de nível secundário, um curso técnico, colegial. Este curso posteriormente foi equiparado a curso superior, mas não antes de 1954.
> Nesse sentido, podemos dizer que a primeira escola de administração foi a Faculdade de Ciências Econômicas e Administrativas Alvares Penteado, que começou em 1906, com o nome de Horácio Berlinck.

O reconhecimento da ESAN como uma Escola de Superior de Administração ocorreu em 28 de janeiro de 1961 com o decreto assinado pelo Presidente da República Juscelino Kubitschek. Em tal decreto, a instituição foi reconhecida e oficializada pelos órgãos públicos, tendo a validação dos diplomas dos alunos ali formados desde 1941. Daí o fato de se considerar a escola como a primeira escola de Administração do Brasil.

Com relação ao marketing, seus pioneiros e as contribuições da instituição para a evolução da disciplina, não foi possível localizar quaisquer informações a respeito.

3.2 A EAESP/FGV

A cidade de São Paulo foi escolhida para a criação da Escola de Administração de Empresas da Fundação Getúlio Vargas pelo fato de ter se tornado o grande polo industrial do Brasil, com as Indústrias Reunidas Francisco Matarazzo, a Sadia entre tantas outras. "Também havia por aqui um grande comércio de empreendedores: Riachuelo, Família Rocha, Casas Pernambucanas, Família Lundgren, Mappin, Cosette Alves etc." (COSENZA, 2013).

Em 1952, havia sido fundada a EBAP/FGV – Escola Brasileira de Administração Pública da Fundação Getúlio

Vargas, no Estado do Rio de Janeiro e, dois anos depois, foi a vez da EAESP/FGV – Escola de Administração de Empresas de São Paulo, também da FGV, com grande expectativa e com a responsabilidade de preparar os profissionais que comandariam o promissor futuro das organizações, em um momento em que a demanda ainda crescia geometricamente com o aumento populacional da época.

Conforme descrito por Raimar Richers em sua entrevista concedida à Munhoz (1982), para o início de as atividades da escola em São Paulo, a Fundação Getúlio Vargas recebeu uma área, um andar, na Rua Martins Fontes, através de um contato político, com o então Delegado Regional do Trabalho, Roberto Gusmão. Algum tempo depois, um segundo andar também foi disponibilizado para o empreendimento.

O que é pouco divulgado é que a sede da escola deveria ter ocupado um esplêndido prédio, numa região privilegiada, próximo à Graded School do Morumbi. Como comenta Gustavo de Sá e Silva,

> A história começa com o compromisso do conde Francisco Matarazzo de dar à Escola uma sede definitiva, e de muito luxo, em São Paulo. Porém, quando ele soube que a Fundação Getúlio Vargas tinha um compromisso com o governo norte-americano e que estava recebendo professores daquele país, questionou a Fundação por não receber professores europeus, italianos. A resposta óbvia foi de que o governo norte-americano se propusera a ajudar, enquanto que a Europa não havia se disposto. O conde decidiu então construir o prédio e sua escola de Administração, mas não conseguiu professores europeus, já que ninguém se animou a vir para o Brasil. Foi aí que ele tentou entregar o prédio para a Escola, alegando que o presidente da Fundação estava certo, pois ele próprio, conde Matarazzo, havia tentado fazer uma escola começando pelo prédio, enquanto a Fundação havia começado a Escola por alunos e professores. [...] Hoje, é o Palácio dos Bandeirantes, que, por pouco, não foi sede desta Escola (SÁ E SILVA *apud* TERZIAN; CURADO, 2004, p. 13).

A Figura 2 ilustra a construção da sede que até hoje abriga a Escola de Administração de Empresas de São Paulo da Fundação Getúlio Vargas.

Figura 2 – A construção do prédio da FGV John F. Kennedy

Fonte: <https://www.facebook.com/AlumniGv>. Acesso em: 28/08/2013

A missão americana, que chegou em maio de 1954, responsável pelo início dos cursos da EAESP/FGV era chefiada pelo Professor Karl Boedecker (cujo nome batizou a biblioteca da escola), que era também professor da áreas de Administração Geral, o Professor Leonard Rall de Contabilidade e Finanças, o Professor Fritz Harris de Produção e o Professor Ole Johnson de Marketing. A atuação do Professor Boedecker destaca-se não apenas pelo sucesso na implantação da EAESP/FGV, mas também por 3 outros aspectos:

i. Ele iniciou o movimento para acabar com a ideia de professor catedrático, apresentando a proposta de que a carreira deveria ser promovida em função de títulos acadêmicos e em função das efetivas contribuições do professor, tais como publicações, por exemplo.
ii. Segundo Munhoz (1982, p. 234), "Ele achava também que não deveria haver faculdades, mas apenas departamentos organizados e administrados por um chefe de departamento".
iii. Representando grande inovação, Karl Boedecker propôs o ensino através do método do caso, estimulando a participação dos alunos em discussões e reflexões acerca de um tema proposto.

Com relação ao método do caso, o professor Karl Boedecker acreditava que o método de ensino deveria ser participativo; um sistema em que o professor é um moderador da aprendizagem, "provocando" sua plateia com temas e dúvidas, e estimulando a discussão em classe. Como uma forma embrionária do que viria a se tornar o método de estudos de caso, Boedecker revolucionou o padrão da época, impregnado pelo sistema tradicional *ex-cathedra* em que o professor fala aos seus alunos, transmitindo seu conhecimento como verdades e fatos inquestionáveis.

Os fatos descritos no restante deste capítulo evidenciam o esforço de alguns professores, com destaque para o professor Luís Alves de Mattos que, mesmo sem recursos materiais e sem experiência suficiente para tornar a ideia realidade, levaram o plano de criação de uma Escola de Administração de Empresas adiante.

> Estabeleceu-se um contato com o governo americano para apoiar a idéia que, naquela época, vinha ao encontro dos próprios objetivos do chamado ponto IV, que visava a dar apoio aos países em desenvolvimento, a partir da experiência brilhantemente concebida e muito bem-sucedida do Plano Marshall na Europa. Fez-se então um acordo com uma universidade americana, a Michigan State University, para instituir a Escola de Administração de Empresas num dos andares

> de um prédio, cedido pela Delegacia Regional do Trabalho, na Rua Martins Fontes, em São Paulo. Realizou-se primeiro um concurso para assistentes de convidou-se quatro professores americanos para integrarem a primeira missão. E assim começou a FGV/SP, de maneira muito modesta, mas com grande expectativa e entusiasmo (RICHERS, 1994, p. 28).

O surgimento do Ponto IV também está relacionado ao comentário do Professor José Augusto Guagliardi (*apud* VALE, 2012, p. 61): "A Guerra Fria havia tomado conta do cenário político juntamente com uma estagnação econômica, forçando uma parte das empresas [americanas] a buscarem novos mercados". Este fato levou o governo dos Estados Unidos a preocupar-se com a manutenção do sistema capitalista em diversos países e a apoiar o desenvolvimento do mercado e de profissionais qualificados para gerir instituições.

De acordo com Terzian e Curado (2004, p. 13), "Naquele tempo da guerra fria, o governo norte-americano investia muito na América Latina a fim de evitar 'contaminações ideológicas inconvenientes' nesta parte do planeta".

E assim, em 1954, a Escola de Administração de Empresas de São Paulo (EAESP-FGV) introduziu o conceito de marketing ao seu currículo disciplinar sob a denominação de "mercadologia".

> Durante um bom número de anos, as expressões 'mercadologia' e 'mercadização' (a última como o ato de mercadizar) dominaram o cenário semântico desta área administrativa no Brasil, mas, com o tempo, a expressão 'Marketing', mais incisiva e internacionalmente reconhecida, se impôs contra esses dois termos algo artificiosos. Citamos esta passagem da introdução do Marketing no Brasil não apenas como uma curiosidade histórica, mas também para afirmar: Marketing e Mercadologia são sinônimos e poderão, portanto, ser utilizados como expressões intercambiáveis (RICHERS, 1981, p. 15)

Retomando os trabalhos da missão americana, ela surgiu em virtude de um acordo entre os governos do Brasil e dos Estados Unidos, conhecido como Ponto IV, do programa USAID.

De acordo com o Professor Jacques Gelman, o Ponto IV era um dos trinta pontos que existia nesse acordo e falava em desenvolvimento educacional. Tanto a Fundação Getúlio

Vargas quanto a Michigan State University se interessaram por ele, daí a participação de ambas as instituições.

> Antes da chegada dos professores americanos, a Fundação Getúlio Vargas do Rio de Janeiro, nomeou três pessoas para acompanhar o processo. [...] Um cara de formação na Getúlio Vargas em Administração Pública, tinha um almirante e tinha um cara que, não sei exatamente qual era o cargo também, mas que ficou famoso por que ele é pai do cantor Ivan Lins. Eles três vieram para cá e contrataram professores, os primeiros professores, que na realidade não eram professores. Iam ser treinados pelos professores americanos. Dessa leva de primeiros contratados, um foi o Raimar Richers e o outro o Gustavo de Sá e Silva. Ao todo foram oito pessoas. [...] Raimar era um intelectual. Tinha uma visão humanista, uma crítica maior. Gustavo, um economista e nunca deixou de ser. Foi mais um financista do que marqueteiro (GELMAN, 2013).

Como primeiro professor a dar um curso de marketing no Brasil, Ole Johnson introduziu no país o conceito de que vendas se fazem pelo modelo A.I.D.A. (MUNHOZ, 1982). Ele, assim como os demais membros da missão, trouxe o estado da arte na área em um momento em que as pessoas não tinham este conhecimento (PARENTE, 2013).

Para o início das atividades da instituição, além da vinda dos professores americanos, foi necessária a contratação de toda a equipe de assistentes. Para tanto, foi divulgado em diversos jornais por todo o país um edital da Fundação Getúlio Vargas, apresentando um concurso para o preenchimento das vagas, 8 ao todo. Surgiram mais de 100 candidatos.

Na época, em 1953, Raimar Richers ainda era chefe do Departamento de Análise e Estatística na General Motors. Gustavo de Sá e Silva trabalhava em sua equipe e era responsável pelo desenvolvimento de análises econômicas de diversos assuntos. Por este motivo, precisava manter-se atualizado e lia diariamente 17 jornais de todo o país. Em janeiro de 1954, Gustavo de Sá e Silva viu em diversos jornais anúncios da Fundação Getúlio Vargas, convocando jovens de todo o país para um concurso para formar a primeira Escola de Administração do país em São Paulo.

Imediatamente apresentou a seu chefe, Raimar Richers. Fato curioso sobre Raimar é seu parentesco com Henrique

Schaumann (vereador de São Paulo no início do século XX que lutou contra as epidemias de peste e de tifo), de quem era sobrinho. Apesar de um pouco reticentes, ambos resolveram participar do processo. Juntamente com Gustavo de Sá e Silva, Luis Felipe Valle da Silva, Ivan de Sá Motta, Wolfgang Schoeps e Kurt E. Weil, Richers foi contratado.

Todos tornaram-se assistentes dos professores americanos. Como a missão era composta por 4 professores, cada um recebeu 2 assistentes que participavam de um rodízio para que pudessem ter contato com todos os departamentos e disciplinas.

> No início da Escola de Administração, os americanos sugeriram não começar diretamente com um curso universitário. Primeiro, não havia um corpo docente devidamente preparado para montar o curso de 3 ou 4 anos. Segundo, não se sabia se esta matéria teria sucesso no Brasil (MUNHOZ, 1982, p. 236).

Surgiu assim, em 1954, um curso intensivo com o intuito de testar o conceito. Em suas duas primeiras versões, somente foram contratados dois profissionais brasileiros para seu corpo docente: Antonio Angarita, que lecionaria de Direito do Trabalho, e Roberto Gusmão, para a disciplina de Direito Fiscal.

No mesmo ano, a equipe de 8 assistentes recém contratada foi enviada para a Michigan State University para cursar o Programa de Mestrado em Administração de Empresas – programa de MBA da faculdade – e, na sequência, para a Harvard University para ser treinada na utilização do Método do Caso no ensino.

Em virtude de seu desconhecimento da disciplina de marketing e da forte influência de Karl Boedecker, Raimar Richers tinha a intenção de especializar-se em Administração Geral. Contudo sua experiência nessa área foi decepcionante, o que lhe abriu os olhos para outras áreas da Administração. Todos voltaram com seus MBAs, "não veio nenhum PhD" (COSENZA, 2013).

De acordo com seu relato, por obrigação Richers acabou assistindo um seminário de marketing, ministrado pelo então chefe do Departamento de marketing da universidade, Thomas Staudt (MUNHOZ, 1982). Foi o início do fascínio de Raimar Richers pela disciplina e de sua carreira na área, que o levou a se tornar uma das principais figuras do marketing no Brasil.

Na entrevista concedida a Munhoz (1982), Raimar também relata que tal seminário abriu sua visão para o marketing. Staudt "mostrava a função da empresa como um todo, a ação do marketing dentro da empresa, a formação de diretrizes e, de outro lado, a empresa presente na sociedade" (MUNHOZ, 1982, p. 237). Leo Erickson foi outra figura marcante na formação do professor, assim como Donald Taylor que apresentou os aspectos econômicos da disciplina.

Ao retornar para o Brasil, quem lecionava marketing na EAESP/FGV eram os americanos. Após Ole Johnson, passaram pela disciplina William Knoke, Virgil Read, Donald Taylor, Leo Erickson e David Blakesley. Este fato obrigou Raimar a lecionar finanças e economia no curso de graduação. Aos poucos, os professores americanos foram entregando as disciplinas para os professores brasileiros até que surgiu a oportunidade para Gustavo de Sá e Silva e o próprio Raimar Richers assumirem a área de marketing, tornando-se os primeiros professores brasileiros de marketing no Brasil.

De acordo com Jesus Cosenza (2013),

> O Raimar, por ser austríaco e por ser, uma pessoa muito voltada para querer ser brasileiro, ele achou que seria muito pedante da parte dele ensinar uma disciplina com nome em inglês. Porque todo mundo que voltou dos Estados Unidos conseguiu traduzir a disciplina numa boa. Administração Geral, Administração de Recursos Humanos, Estatística, Finanças, Contabilidade, tudo que você pode imaginar. O coitado ficou a pé... Ele ficou a pé e resolveu pesquisar, foi pesquisar no espanhol, no francês e no italiano. Não gostou de nada que tinha, criou a disciplina com o nome que ele inventou, e até hoje o departamento a que eu pertenço na GV tem, em homenagem a ele, o nome que ele criou.

Anos mais tarde, o próprio Raimar Richers reconheceu a má decisão tomada de traduzir o nome da disciplina. Diz o acadêmico: "'Mercadologia' foi o termo infeliz encontrado após infindáveis discussões, que um observador de fora provavelmente teria classificado como 'tipicamente acadêmico'" (RICHERS, 2000, p. 4).

Além dos dois professores já citados, outros nomes merecem ser apontados como pioneiros do marketing na EAESP/FGV, lecionando a disciplina ao longo da década de 50: Orlando Figueiredo, Bruno Guerreiro, Polia Lerner Hamburguer, Affonso Arantes e Haroldo Bariani.

Em 1954, surgiu a informação de que havia a possibilidade de entrada no corpo docente da EAESP/FGV por parte dos alunos da EBAP/FGV. Nessa ocasião, formado em administração pública, Bruno Guerreiro entrou na instituição juntamente com Orlando Figueiredo, na segunda turma da escola (MUNHOZ, 1982).

De acordo com sua entrevista transcrita na tese de MUNHOZ (1982), o Professor Bruno Guerreiro iniciou suas atividades na EAESP/FGV com o Professor Ole Johnson e teve contato pela primeira vez com uma visão integrada do marketing. De acordo com a transcrição, "Não havia uma clareza nos conceitos de marketing como nós temos hoje, comecei a procurar entender qual era a diferença" (MUNHOZ, 1982, p. 263).

O papel de Bruno Guerreiro e de Haroldo Bariani destaca-se no campo da propaganda. No final dos anos 50, Bariani aproveitou seu período nos Estados Unidos e "fez estágio em mais de dez Agências de Propaganda" (MUNHOZ, 1982, p. 70). Com base em sua experiência e com o apoio de Bruno, ao longo da década de 1960, ambos foram os únicos professores a oferecer cursos na área de Propaganda.

Segundo Gustavo (*apud* MUNHOZ, 1982, p. 227), em seu primeiro curso de marketing eram utilizados os textos de "Theodore Beckman (principalmente) e de Paul Converse (como apoio)" e eram apresentadas duas abordagens: uma funcional, apresentando "as 8 funções reconhecidas por Beckman de maneira bastante clara – compra, venda, transporte, finanças, risco, informação, armazenagem e padronização e uma abordagem institucional: agentes mercadológicos – atacado, varejo, representantes".

A Figura 3 apresenta os decanos da EAESP/FGV, o grupo dos primeiros professores, internamente apelidado de "a panela" (OLIVEIRA, 2004). Nela, estão Claude Machline, Kurt Ernst Weil, Gustavo de Sá e Silva, Wolfgang Schoeps, Polia Lerner Hamburger e João Carlos Hope (da esquerda para a direita).

Figura 3 – Os decanos da EAESP/FGV

Fonte: Terzian e Curado (2004, p. 13)

Anos mais tarde, em 1964, o Professor Affonso Arantes traduziu, juntamente com Maria Isabel Hopp, uma importante obra para o ensino de marketing no país: Pesquisa Mercadológica de Harper Boyd e Ralph Westfall. Importante destacar ainda que em 1973 foi escrito no Brasil – resultado de uma tentativa de tropicalização dos conceitos americanos –, como fruto de uma pesquisa feita junto a empresas de pequeno porte no país, "o primeiro livro de Marketing Geral *Administração de Vendas* por Raimar Richers, Orlando Figueiredo e Polia Lerner Hamburguer" (MUNHOZ, 1982, p. 87). Os primeiros livros brasileiros sobre vendas e propaganda são da década de 30.

Como bem coloca Richers (2000, p. xviii), sua preocupação na organização de tal obra, assim como deveria ocorrer com os demais livros nacionais não foi tanto com a descrição de técnicas, métodos e modelos, pelo fato de "que todos os livros didáticos de marketing batem nas mesas teclas – e um piano é um piano na Europa, na Ásia ou no Brasil". Assim, o objetivo dos autores e acadêmicos brasileiros deve ser a adaptação dos conteúdos à realidade do país, sua adequação, considerando todo o ambiente de marketing do Brasil.

Retomando a linha do tempo, em 1959, Raimar Richers tornou-se Chefe do Centro de Pesquisas e Publicações, permanecendo na função até 1963. Durante seu período, Richers criou a Revista de Administração de Empresas (RAE) – tornando-se seu diretor entre os anos de 1960 e 1965 – e conseguindo um significativo aporte financeiro da Ford Foundation para subsidiar o desenvolvimento de um livro brasileiro de marketing, escrito em conjunto por diversos professores da escola: "Administração Mercadológica – Princípios e Métodos". A obra tinha o intuito de tropicalizar os conceitos e apresentar o marketing efetivamente aplicado à realidade do país.

Sobre o desenvolvimento da obra, a título de curiosidade e demonstração do empenho na organização do material, é válida a transcrição de um trecho da entrevista de Bruno Guerreiro:

> Na ocasião o Raimar Richers escrevia sobre Potencial de Mercado uma de suas áreas preferidas, e também uma das minhas. Então vendo o seu capítulo, nós tínhamos divergências conceituais profundas e começamos a discutir, cada um querendo impor a sua visão ao outro.
> Desta discussão, que foi ficando cada vez mais acalorada, nós chegamos facilmente aos berros, e dos berros ao esforço físico. Saímos às bofetadas, até que fomos separados por vários outros professores que acorreram pelo barulho que estávamos provocando. O curioso é que fomos separados, tomamos um cafezinho, sentamos e voltamos a discutir o capítulo do livro!!! (MUNHOZ, 1982, p. 295).

Anos mais tarde, em 1972, Raimar Richers coordena uma coletânea de artigos de autores brasileiros, acadêmicos ou profissionais da área de marketing (Ensaios de Administração Mercadológica), publicada pela FGV do Rio de Janeiro. A obra "trouxe uma contribuição teórico-prática em diversos campos. Foi, sem dúvida, o primeiro trabalho de envergadura do País, e teve por isso muito mérito, tornando precisos vários conceitos, e possibilitando uma reflexão sobre a administração de marketing no Brasil" (ARRUDA, 1987, p. 20).

No início da Escola de Administração de Empresas de São Paulo da FGV foram contratados engenheiros e economistas para estudarem nos Estados Unidos Administração, Finanças e Marketing, ou seja, novas áreas. Quando eles voltaram de seus cursos no exterior, apenas repetiam em aula o que tinham aprendido. Gradualmente, em função da pressão do mercado de trabalho e de trabalhos de consultoria, os conceitos foram tropicalizados e a realidade brasileira passou a ser incorporada ao conteúdo das aulas. Em sua fundação, a escola tinha uma preocupação de se inserir na comunidade empresarial.

"Naquela época, a preocupação era ensinar, não era pesquisar. Era fazer com que os executivos brasileiros pudessem tirar proveito das tecnologias e das ferramentas e das teorias que já circulavam pelo mundo" (GELMAN, 2013).

Ainda assim, alguns professores mantiveram (e mantêm) um estilo de aula e um conteúdo programático sem qualquer adaptação. Este fato é destaque do comentário de José Gandra (1995), para quem

> [...] até hoje se ensina propaganda como se ainda seguíssemos modelos prontos recém-trazidos da América pela J. W. Thompson, aliás com merecido respeito. Não há dúvida de que esses modelos nos ensinaram muito. Mas do mesmo jeito com que um gosto todo particular pelo jazz acabou dando bossa-nova, o Brasil também soube transformar os elementos exatos que constituíam a eficiente propaganda americana numa linguagem apropriada a um povo que, mais do que razões, precisa de emoções (GANDRA, 1995, p. 15).

Bruno Guerreiro destacou-se neste aspecto, buscando formas de adaptar toda a teoria aprendida nos Estados Unidos à prática brasileira. Para tanto, filiou-se à ADVB – Associação dos Dirigentes de Vendas e Marketing (instituição criada em 1956 por James Pepper, sob o nome de *Sales Executive Club*), passando a conviver com profissionais de mercado com conhecimento prático da realidade do país.

Percebe-se assim, a importância que teve a ausência de cobrança em termos de dedicação à pesquisa e publicação, possibilitando a diversos acadêmicos avanços na adequação dos conceitos à realidade do Brasil. Como comenta Haroldo Bariani (*apud* MUNHOZ, 1982, p. 296), "Naquela época a EAESP/FGV encorajava os professores a fazerem consultoria, uma forma de estreitar a distância entre a teoria e a prática da realidade do mercado brasileiro".

Atualmente, a cobrança de que os professores publiquem cada vez mais alterou o cenário drasticamente. De acordo com o Professor Parente (2013), "os grandes consultores de marketing não estão vindo mais da academia; acabam vindo de empresas de consultoria". E este aspecto não prejudica apenas a aproximação entre a academia e o mercado, mas também acaba gerando uma baixa relevância do material publicado. Embora considere que a academia brasileira seja competente em formar bons pesquisadores, o Professor Parente (2013) acredita que a relevância dos temas tratados na academia merece maior atenção para que a escola permaneça sendo também uma geradora de conhecimento, não apenas uma transmissora.

O Professor Gelman (2013) concorda com este cenário e acrescenta que "Com a pressão do MEC, os textos começaram a ficar muito acadêmicos, muito teóricos, conceituais, pouco aplicáveis. [...] Mas isso não é só em marketing" (GELMAN, 2013).

Quanto à relação entre a academia e o mercado, o Professor Gracioso (2013) comenta que

> Com toda a tranqueza, a academia simplesmente acompanhou o mercado. Numa área dinâmica, numa área vital como é o marketing é evidente como a inovação surge no próprio mercado. Isso sempre será assim sempre. Às vezes eu vejo como as pesquisas de mestrado e doutorado na área do marketing e da comunicação aqui no Brasil são feitas. Nos Estados Unidos não é assim. Aqui, elas estão distantes da realidade do mercado, muito distantes por que a academia ainda não conseguiu acabar com este fosso, com esse abismo que a isola do mercado. A academia ainda olha o mercado com desconfiança e vice e versa.
> O próprio modelo de educação e a exigência de publicação por parte dos docentes fragiliza uma aproximação dos dois universos. O sistema de mestrado e doutorado vigente no Brasil, que não é o mesmo dos Estados Unidos, gera essa situação. Nos Estados Unidos, as teses de mestrado e de doutorado

> em geral são feitas, são desenvolvidas com o apoio de empresas.
> O fato de a iniciativa privada não financiar a pesquisa no Brasil também estimula esse distanciamento. Como somente o governo financia a pesquisa, as empresas acreditam que é algo que não lhes interessa. Não percebem que poderia interessar. Que poderíamos fazer pesquisas diferentes se eles realmente resolvessem fazer parte do time.

Com opinião semelhante, em entrevista concedida para este trabalho, Adélia Franceschini (2013) também comenta a distância entre ambos os universos. A profissional iniciou seu mestrado em Administração, mas "não fiquei entusiasmada; achei uma coisa muito desplugada de tudo, muito fora do que eu vejo no mercado" (FRANCESCHINI, 2013).

Já o Professor Campomar (2013), de forma oposta, acredita que a academia ainda tem contribuído com o avanço das técnicas. Não são apenas as organizações buscando adaptar-se às mudanças dos cenários e a academia chegando depois para tentar explicar, criar modelos e teorias a respeito. Segundo o professor, "a academia contribui bastante também. A gente descobre muita coisa na academia de como fazer, tem uma visão mais ampla, uma visão da floresta [não apenas das árvores, em uma metáfora sobre o todo e a parte]" (CAMPOMAR, 2013).

Alex Periscinoto (2005) também valoriza o papel da academia, mas com limitações. O publicitário afirma que

> A escola não faz outra coisa senão acelerar. Ela torna a coisa mais breve. Você, não estando em uma universidade de comunicação, com professores cheios de exemplos, cheios de dicas, demora mais, porque você não está exposto. Você tem que estar exposto. Você é mais criativo à medida em que você está exposto a problemas e a um treinamento mental de como sair daquele problema (PERISCINOTO, 2005, p. 60).

Na área de marketing, o distanciamento entre a academia e o mercado tem mudado bastante com o surgimento de grupos de estudo e pesquisa interdisciplinares. Ainda assim, muitos cientistas limitam seu campo de atuação a um pequeno pedaço do conhecimento. Poucas vezes fazem qualquer intercâmbio com outros domínios.

> A ciência não é um órgão novo de conhecimento. A ciência é a hipertrofia de capacidade que todos têm. Isto pode ser bom, mas pode ser muito perigoso. Quanto maior a visão em profundidade, menor a visão em extensão. A tendência da especialização é conhecer cada vez mais de cada vez menos (ALVES, 1981, página 12).

O Professor Parente (2013) também argumenta que "o marketing teve muito pouco amparo quantitativo, de técnicas quantitativas de tal forma que o marketing virou um pouco sinônimo de bom senso". Com isso, a qualificação das publicações tende a ficar menos rigorosa.

Retomando o quadro docente da EAESP/FGV, aluno da primeira turma do curso intensivo em 1954, Haroldo Bariani tornaria-se um dos pioneiros de marketing no Brasil. Foi aluno de Ole Johnson no Brasil e em 1958 foi para a Michigan State University para fazer seu *master*. Ao longo de sua experiência nos Estados Unidos, Bariani confessa (*apud* MUNHOZ, 1982, p. 292) ter se desapontado com o fato de ter que absorver conhecimentos de diversas áreas como Estatística, Matemática, Finanças, Psicologia e Sociologia. A propaganda sempre lhe interessou, mas havia poucas oportunidades de aperfeiçoamento na área na Michigan State University. Retornando ao Brasil em 1960, passou a ministrar a disciplina de Introdução ao Marketing e, anos mais tarde, em conjunto com Bruno Guerreiro, foram os únicos professores a oferecer um curso de Administração da Propaganda.

No ano de 1958 a Escola iniciou um curso de Pós-Graduação em Marketing e, apesar de inúmeras críticas à criação da EAESP/FGV e de seus cursos, muitos acadêmicos entendem que ela surgiu no momento certo, pois em 1960, com a substituição das importações, surgiu um campo de atuação enorme para administradores de empresa.

Ao longo da década de 1960, diversos convênios acadêmicos foram firmados entre a EAESP/FGV e instituições no exterior tais como: Ohio, Cornnel Siracusa, Stanford etc. Nessa época, outra instituição de renome, a

Universidade Vanderbilt, firmou convênio com a Universidade de São Paulo.

No processo de criação e implantação do curso de varejo da EAESP/FGV, o Professor Jacques Gelman teve importante participação.

> Eu entrei em julho e a minha turma tinha trinta alunos. Destes trinta, oito ficaram na escola como professores. Prestaram concurso quando se formaram. Só eu de marketing, quer dizer, a maioria foi para finanças, economia, administração [...]. Quando eu fui fazer meu MBA, eu além de fazer as matérias obrigatórias e disciplinas de marketing, fui fazer uma matéria de varejo porque tinha um cara que era craque lá. Era uma área que eu já tinha alguma tendência, já tinha. Eu gostava. Aí, eu fiz e me encantei. Fiz propaganda já no nível de doutorado e tal, mas eu me encantei. Cheguei aqui em dezembro de 1969 e em 1970, comecei a dar aula e planejei um curso de varejo. Em 71, eu já implantei o curso. Foi o primeiro curso de varejo em uma faculdade no Brasil e existe até hoje. Um curso de graduação. Tinha um pouco de área de compras, área de estoque, área de finanças, mas 80% do curso era marketing, era os 4 Ps no varejo (GELMAN, 2013).

Naquela época, início da década de 1970, não havia nada escrito sobre varejo em português. Tudo que havia, e não era muito, era escrito em inglês. Como muitos dos alunos não tinham um bom nível de inglês, tanto Jacques quanto os próprios alunos traduziam os textos e distribuíam pelas classes.

Por fim, é interessante destacar que a primeira geração de professores da EAESP/FGV, em suas publicações, precisou falar sobre os conceitos básicos, vender a ideia dos conceitos, em suma, explicar o que era marketing. Já a segunda geração, isso por volta da década de 1970, pode desenvolver estudos mais voltados para a realidade do Brasil, apresentar casos de consultorias etc.

Este período também é marcado por obstáculos impostos pela situação política do país. Como relata Gustavo de Sá e Silva

> A EAESP, durante o governo militar, foi uma pedra no sapato da Fundação. (...) Em 1967, o governo militar baixou um ato que obrigava todas as fundações que recebiam recursos do Governo a demitir todos os funcionários que

> tivessem sido de alguma maneira penalizados pela revolução. E nós tínhamos aqui três (...) que vieram me procurar e pedir demissão (...). A postura do presidente da Fundação era a de que se um professor cumprisse o programa do curso, sem fazer 'pregação comunista', tudo bem. E se for competente, inteligente, não tem problema ser comunista (SÁ E SILVA *apud* CURADO, 1994, p. 21).

Ainda no início dos anos 70, duas questões devem ser pontuadas:

Em primeiro lugar, o surgimento da segunda geração de professores da EAESP/FGV, formada por nomes como Alberto de Oliveira Lima Filho, Eduardo Augusto Buarque de Almeida, Hamilton Madureira Villela, Jacob Jacques Gelman, Sergio Roberto Dias, Fernando Gomez Carmona, Paulo Clarindo Goldschmidt e Jorge Motta.

Ressalta-se que Alberto de Oliveira Lima, juntamente com Polia Hamburguer, ao regressarem ao país em 1972, tornaram-se os primeiros doutores em marketing do Brasil.

Em segundo lugar, de acordo com o Professor Gelman (2013), em 1970 foi criado um curso de Pós-Graduação *lato sensu* na EAESP. Fruto do curso de Pós-Graduação (CPG) da EAESP/FGV, criado em 1958, o CEAG – Centro de Especialização em Administração para Graduados – foi o primeiro a oferecer cursos nesse formato. Ainda não existia o curso de Engenharia de Produção na USP nem os cursos no Instituto de Administração (IA). Por isso, "os engenheiros iam trabalhar e sentiam falta de algumas ferramentas básicas que qualquer supervisor precisava ter. Noções de custo, etc. Essa necessidade foi suprida pelo CEAG. [... Além disso, existia um negócio chamado consumidor; alguém lá na ponta, que quebrava tudo aquilo que eles ouviam que era só fabricar, fabricar, fabricar" (GELMAN, 2013).

No final da década de 1970, surge a terceira geração de professores da escola, muitos dos quais ainda compõem o quadro docente da instituição: Antonio Jesus de Britto Cosenza, Homero Miguel Psillakis, Marcos Henrique Cobra, Silvio Eid e Paulo Bianco Standerski.

Com relação à história da EAESP/FGV, outro assunto merece atenção. No início das atividades da escola, "o ensino era gratuito, havendo apenas uma cobrança insignificante de taxas. A longo prazo, o resultado disso foi uma grave crise financeira. Então, na década de 1980, foi redefinida a política de cobrança de taxas escolares" (TERZIAN; CURADO, 2004, p. 14).

De acordo com as entrevistas desenvolvidas por Terzian e Curado (2004), o problema das taxas começou a ser percebido ainda em 1966, quando Paulo Pimentel, então presidente do Centro Acadêmico, e os próprios alunos começaram a exigir melhorias no padrão de qualidade do ensino, ainda que para isso fosse necessário elevar os preços. Nesse período, a instituição recebeu uma doação de US$ 1 milhão da Fundação Ford, comentada anteriormente.

Aos poucos, foi criado um fundo de bolsas de estudo para auxiliar os alunos com dificuldades financeiras. Em contrapartida, era exigido que o aluno contemplado com a bolsa, um ano depois de formado, financiasse o curso para outro aluno carente.

Os problemas financeiros pelos quais a escola passou, levou a direção a estimular os professores a reduzir sua carga de trabalho. Por isso, incentivavam trabalhos externos, de consultoria ou em empresas em geral. Foi nessa época em que o próprio Professor Gelman iniciou sua carreira na Arapuã – uma das maiores redes varejistas que atuou no país durante a década de 1990. A empresa precisava de alguém da área de marketing. "Como estava procurando alguma oportunidade, alguém lá dentro me indicou. Sei que tiraram informações minhas com o Raimar, com quem eu tinha trabalhado, e acabei sendo contratado" (GELMAN, 2013).

Ao todo, a missão dos Estados Unidos permaneceu no Brasil por 12 anos, tempo necessário para que toda uma geração de professores fosse formada e pudesse substituir plenamente os acadêmicos americanos.

Atualmente, um problema enfrentado pela EAESP/FGV é o fato de que muitos "professores que estão na carreira em tempo integral, nas áreas como Finanças e marketing, principalmente essas duas, eles não têm experiência alguma, sem vivência de mercado" (GELMAN, 2013). Esse fenômeno também ocorre em outras faculdades em virtude das pressões do MEC em termos de pesquisa e publicação, o que inviabiliza o desenvolvimento de trabalhos externos.

Apesar da dedicação exclusiva, como comentado anteriormente a produção acadêmica está cada vez menos aplicável, mais conceitual e distante da realidade empresarial. "Hoje, o conceito é sempre o mesmo; ninguém está inventando mais nada. [...] É muita matemática, muita estatística, propostas de modelagem etc." (COSENZA, 2013).

3.3 A FEA/USP

Como afirma Vale (2012, p, 50), "o cerne dos cursos que inicialmente foram oferecidos na antiga FCEA-USP, atual FEA-USP, advém das aulas de Comércio iniciadas um ano depois da vinda de D. João VI, em 1809, com um decreto assinado pelo próprio rei".

De acordo com Toledo e Trevisan (1984), a necessidade de se criar um curso de Administração no Brasil surgiu durante o século XIX, com a transferência da Família Real portuguesa para a cidade do Rio de Janeiro. A crescente preocupação era quanto à administração pública, pois a colônia passava a ser metrópole e assim, necessitava de melhorias urgentes.

> A maior preocupação no campo da educação era com a formação de engenheiros, advogados, militares e médicos, preferindo o ensino superior em institutos isolados, sem a preocupação com a formação de universidades, privilegiando dessa forma as elites e a aristocracia com o conhecimento oferecido (ARANHA, 1996). Não só cursos foram criados nessa época, mas também melhorias urbanas e culturais foram feitas na

nova capital, o Rio de Janeiro, como instalação da imprensa, de museus, de bibliotecas, de escolas de arte e arquitetura e de academias (VALE, 2012, p. 50).

Com o passar do tempo, diversas reformas ocorreram, incluindo a Administração em algumas disciplinas oferecidas em cursos superiores no Brasil. Como exemplo, Vale (2012) cita a ocorrida em 1865 em que o curso de Direito foi dividido em dois: Ciências Jurídicas, que formava magistrados e advogados, e Ciências Sociais, que formava administradores e políticos.

Em sua tese, Vale (2012) cita também o caso dos decretos de Francisco Campos durante o Governo Vargas que imprimiram nova orientação, voltada para maior autonomia didática e administrativa, interesse pela pesquisa e difusão da cultura. Tais decretos, incluíram as cadeiras de Organização Industrial, Contabilidade Pública e Industrial, Direito Administrativo e Legislação nos cursos de engenharia.

Ainda não havia reconhecimento do MEC do curso superior de Administração e Finanças. Por isso, a quem concluía o curso, era conferido um diploma de Bacharel em Economia (VALE, 2012). Também foram os decretos de Campos que permitiram o surgimento, na cidade de São Paulo, da primeira universidade brasileira.

Percebe-se, pois, que as mudanças na educação não ocorreram por questões tecnológicas, mas por pressão social e econômica, sendo em maior parte ditadas pelas elites do país.

Em São Paulo,

> embora o Decreto nº 6.283 de 25/01/1934 de criação da instituição [Universidade de São Paulo] prevísse a constituição do Instituto de Ciências Econômicas e Comerciais, a oportunidade de instalação de uma faculdade de ciências econômicas só surgiu efetivamente em 26 de janeiro de 1946 com o Decreto-Lei nº 15.601 (VALE, 2012, p. 56).

Portanto, em 1946 foi criada a Faculdade de Ciências Econômicas e Administrativas (atual FEA) da Universidade de São Paulo. Contudo, o curso de Administração de Empresas não foi instituído imediatamente; começou a ser ministrado em 1964. O contexto em que o curso foi criado é descrito no site da Faculdade:

> Na Universidade de São Paulo, o curso de Administração de Empresas não foi instituído logo depois que o Decreto-Lei nº 15.601 de 26 de janeiro de 1946 que criava a Faculdade de Ciências Econômicas e Administrativas, a FCEA, foi assinado. Inicialmente, havia apenas dois cursos: o de Ciências Econômicas e Administrativas e o de Ciências Contábeis e Atuariais. Foi apenas em 1964 que o curso de graduação em Administração de Empresas começou a ser ministrado. A partir desta reforma estrutural interna, que coincidiu com o início do regime militar brasileiro, é que passaram a existir cinco graduações: Ciências Econômicas, Ciências Contábeis, Ciências Atuariais, Administração de Empresas e Administração Pública. Além de estabelecer novos cursos, a instituição passou a ser chamada de Faculdade de Economia e Administração (FEA), e os departamentos foram divididos em três: Economia, Administração e Contabilidade (VALE, 2012, p. 24).

Com relação ao corpo docente da faculdade, é interessante observar a análise de Pinho (1984), que comenta que a primeira geração de professores, o grupo de pioneiros que iniciou a docência na faculdade, vinha de diversas unidades da própria USP. Ela durou de 1946 a 1969, quando os discípulos dos pioneiros, que já eram formados na faculdade, a partir da reforma de 1969, começam a ocupar os cargos após sua pós-graduação, a maioria nos Estados Unidos.

No ano de 1947 foi publicado o primeiro volume da Revista de Administração, periódico produzido pelo Instituto de Administração (IA) e cujo objetivo era disseminar os conhecimentos na área de Administração.

Como comenta o Professor Toledo (2013), é pertinente comentar que as histórias da Engenharia de Produção da Escola Politécnica da USP e da FCEA-USP são intimamente conectadas pelo fato do Professor Ruy Aguiar da Silva Leme, genro do Professor Carlos Alberto Vanzolini (também da POLI-USP) e pai da Professora Maria Tereza Leme Fleury (professora da FEA-USP), ter sido professor nas duas instituições.

De acordo com o Professor Toledo (2013), em entrevista, até 1964, na Universidade de São Paulo não existia a Faculdade de Economia e Administração. À época, o nome da instituição era Faculdade de Ciências Econômicas e Administrativas que formava principalmente economistas e contadores, mas também alguns atuários.

Nessa época, o Professor Meyer Stilman, formado em economia pela USP em 1951, catedrático da cadeira de "Técnica Comercial e dos Negócios", utilizava em suas aulas apostilas que eram criadas a partir de textos importados dos Estados Unidos, traduzidos e adaptados. Segundo o Professor Toledo (2013), as apostilas abordavam vários assuntos, mas não marketing especificamente. Stilman tinha alguns assistentes que colaboravam na preparação das apostilas e na organização das aulas: Ivan Pinto Dias, Luis Loretti Neto, Ismar Listner, Ademir Ferreira, Gilberto José Weinberger Teixeira e José Augusto Guagliardi. Ainda de acordo com o Professor Toledo (2013), Adalberto Fischmann também foi um dos assistentes de Meyer Stilman.

Como comenta Motoyama (2006), no início de seus cursos, a FEA passou por problemas. Já como substituto da Profa. Alice Canabrava na direção da escola, em 1957, o Professor Ruy Leme foi chamado por Jânio Quadros na tentativa de debelar a crise interna. A FEA

> apresentava dificuldades, com poucos alunos que se mostravam satisfeitos. Por isso houve uma grande greve. Foi criada uma comissão pelo Conselho Universitário para encaminhar uma solução para a FEA. Vale a pena ressaltar os nomes do Prof. Ruy Aguar da Silva Leme e da Profa. Alice Canabrava, que foi diretora da FEA nesse período. A Profa. Alice era muito dedicada, grande pesquisadora, tendo criado um grupo que abrigou acadêmicos de destaque, como Fernando Henrique Cardoso. O Prof. Ruy Leme colaborou, sobretudo, na área de Estatística e teve papel decisivo na criação do curso de Administração em 1960 [curso de Ciências Administrativas]. A crise da falta de alunos, da não formação de profissionais e da falta de professores sintonizados com as tendências dos economistas internacionais – e mesmo nacionais – foi um divisor de águas. A partir desse período, os padrões acadêmicos elevaram-se, passando a adotar os referenciais internacionais de pesquisa e ênfase nos estudos da economia brasileira, dada a urgência do desenvolvimento econômico num país caracterizado por

enormes disparidades na distribuição de renda (MOTOYAMA, 2006, p. 368).

É provável que nessa época o maior problema da instituição tenha sido a falta de diálogo entre o que era ensinado na Faculdade e a realidade brasileira. Em seu discurso na cerimônia de formatura da turma de 1956, o Professor Antonio Delfim Neto, Paraninfo dela, comenta:

> Julgo que, o verdadeiro problema da Faculdade é o da definição precisa de seus objetivos, que somente poderá ser resolvido atentando-se para as atuais exigências do mercado de trabalho. A prevalência dos valores econômicos na nossa civilização, explica porque existe uma tremenda procura de economistas, administradores, atuários e contadores e mostra que devemos esperar o seu crescimento. À nossa Faculdade e aos que por ela se formarem está, portanto, reservado um futuro bastante promissor. Entretanto, para que possamos aproveitar a situação do mercado, acredito que todos, alunos antigos, alunos e professores, devemos, num esforço conjunto, repensar os problemas da Faculdade e procurar ajusta-la, cada vez mais, a nossa realidade (O CANGURU, 1957, p. 13).

Ainda assim, entre o final da década de 1950 e o início da de 60, chegou-se apenas a um acordo:

> o currículo das Faculdades de Ciências Econômicas não satisfazia à função que lhe era atribuída, devendo ser reformado. [...] Depois das reformas implantadas pelo decreto de 1960, as graduações oferecidas pela FCEA passaram a ser um curso único de quatro anos com mais um ano de especialização em cada carreira a ser escolhida pelos alunos (VALE, 2012, p. 80).

O Decreto de 1960 criou um Departamento de Administração que ficou responsável pelas cadeiras de: Finanças das Empresas, Ciência da Administração, Estrutura das Organizações Econômicas, Psicologia Geral e Psicologia Aplicada à Administração, Técnica Comercial e dos Negócios, Administração da Produção e Planejamento da Produção.

De acordo com o Professor Eduardo Vasconcellos, "quando era conseguida a vinculação entre a disciplina ministrada pelo professor e a realidade das empresas, a matéria era invariavelmente disputada e a sala estava sempre cheia. Porém, em sua maioria, as disciplinas eram muito teóricas" (VALE, 2012, p. 87). Acrescenta-se a este cenário, o fato de que o acervo da biblioteca ainda estava em formação, o que representava outro obstáculo ao estudo e ao aprendizado.

Também nessa época ganha destaque o papel desempenhado pelo Instituto de Administração – IA/FUNAD que, segundo o Professor Fauze Mattar, também fez com que os primeiros professores, de forma quase missionária, percorressem todo o país, "explicando sobre as subáreas de Administração, [...] a fim de divulgar conhecimento. Dessa maneira, o relacionamento com o mercado e com outras instituições de ensino foi importante para o desenvolvimento e adaptação do curso de Administração" (VALE, 2012, p. 111).

Como comentado, parte considerável da literatura utilizada pelos professores em sala de aula era formada por apostilas, impressas pelo Departamento de Livros e Publicações, produzidas a partir de recortes traduzidos de livros estrangeiros, casos e exercícios.

Ainda assim, o diploma era reconhecido pelo mercado, pois a "legitimidade da USP em outras áreas mais tradicionais como Medicina, Engenharia e Direito, por exemplo, acabava sendo também 'emprestada'" ao curso de Administração (VALE, 2012, p. 87).

Em 1964 ocorreu uma reforma na Faculdade e foram criados 5 cursos: Economia, Administração de Empresas, Contabilidade, Ciências Atuárias e Administração Pública, divididas em três recém criados departamentos: Economia, Administração e Contabilidade.

Os cursos de graduação em Administração de Empresas e Administração Pública passaram a ser oferecidos a partir da reforma executada pela Portaria GR-nº 8 de 17/01/1964.

"As primeiras turmas de diplomados em Administração de Empresas na FCEA acabaram formando muitos docentes que retornaram posteriormente à FEA" (VALE, 2012, p. 90). Com isso, a partir de 1964, a formação dos professores de Administração de Empresas não era mais carregada de Administração Pública, mas de Administração Industrial, por influência do Professor Sérgio Baptista Zaccarelli, segundo o Professor Geraldo Toledo (VALE, 2012, p. 91).

O conteúdo das aulas, como o corpo docente ainda não possuía especialistas, era formado com base no que os professores haviam estudado em sua graduação e com apoio de empresas de consultoria.

A partir de 1964, as Cadeiras que compreendiam o departamento de Administração eram: Administração I (composta por: Introdução à Administração, Psicologia Geral e Aplicada, Relações Humanas, Administração dos Serviços Públicos e Sociais, Teoria da Administração Pública), Técnica Comercial e dos Negócios, Finanças das Empresas (composta por: Finanças da Empresas, Finança da Empresa Pública, Política dos Negócios) e Administração II (composta por: Administração de Produção, Planejamento de Produção, Administração Salarial e de Pessoal, Administração de Pessoal e do Material).

A partir de então, a disciplina do Professor Meyer Stilman passou a ser oferecida nos cursos de Administração de Empresas, Contabilidade e Administração Pública. Também foram criadas novas disciplinas, merecendo destaque:

> - Matemática Aplicada à Economia (necessária para conclusão do curso de Administração de Vendas) – Esta disciplina constava de: pesquisa operacional, matemática, previsão de vendas e pesquisa de Marketing (rudimentar).
> - Pesquisa e Estatística de Mercado – Abordava: estatística, pesquisa de campo, questionários (MUNHOZ, 1982, p. 299).

Um dos professores de pesquisa foi Alexander Berndt, formado em economia pela USP, que foi chefe do Departamento de Administração. O outro foi Sylvio Carlos Borges dos Reis, também economista pela USP, que abordava a parte quantitativa.

É importante destacar que o "departamento surgiu em 1964, mas sua semente foi plantada em 1946, com o Instituto de Administração (IA), que já assumia o compromisso do ensino e pesquisa na área, além da realização de seminários, simpósios, conferências e da prestação de serviços" (DEPARTAMENTO DE ADMINISTARÇÃO).

Nesse período, o Professor Meyer Stilman desenvolvia muitas pesquisas e sempre buscava a ajuda de um professor da área de Métodos Quantitativos, cuja formação em estatística era sólida: tratava-se de Geraldo Toledo, que anos mais tarde tornaria-se seu orientado na área de marketing.

No ano de 1967, Meyer Stilman foi para Stanford fazer um curso oferecido exclusivamente para professores. Lá, teve a oportunidade de conhecer Philip Kotler e de entrar em contato com vários profissionais de marketing, e com o artigo de Kotler e Sidney Levy sobre a expansão do conceito de marketing (publicado em 1969 no *Journal of Marketing* com o título de *Broadening the Concept of Marketing*).

Durante sua ausência, seus auxiliares, os Professores Ismar Listner e Luis Loretti Neto, lecionaram em seu lugar (TOLEDO, 2013).

Meyer Stilman retornou ao Brasil em 1968, influenciado pelos contatos que teve nos Estados Unidos, passando a perceber as contribuições de outras ciências, que não a Economia, para o Marketing.

Em 1969, iniciou-se o primeiro curso de Pós-Graduação na Universidade de São Paulo. Foi um curso de administração para assessores de empresas industriais. Meyer Stilman foi o responsável pela parte de marketing. O material didático utilizado ainda eram as apostilas com textos traduzidos, mas já nessa época Meyer iniciou a tradução do livro de Kotler, que seria publicado em 1974 pela Editora Atlas com o título de Administração de marketing. De acordo com MUNHOZ (1982), o curso também era organizado por José Augusto Guagliardi.

Antes disso, conforme o Professor Campomar (2013), não havia um curso de marketing. "o que mais se aproximava era uma disciplina da Economia: *Managerial Economics*. Era microeconomia na empresa; eram as relações de troca, um pouco de marketing, mas ainda não se usava essa palavra. O livro utilizado ainda era em inglês, de um autor chamado Joel Dean".

Nesse período, muitos professores já lecionavam na FEA sem sequer ter o título de mestre. O Professor Toledo (2013) enumera alguns a título de exemplo: Jacques Marcovitch, Keyler Carvalho da Rocha, Eduardo Pinheiro Gondim de Vasconcellos, além de ele próprio.

Por este motivo, no mesmo ano em que foi criado o curso de Pós-Graduação, 1969, surgiu uma Portaria Interna específica para a área de Administração, que permitia que seus professores obtivessem o título de Doutor sem a necessidade de cursar o mestrado previamente. A norma previa a necessidade de que, ao longo dos 2 a 3 anos seguintes, os candidatos cursassem algumas disciplinas do programa de Pós-Graduação e defendessem uma tese ao final do período. Segundo Toledo (2013), aproveitando a situação, alguns professores correram para apresentar seus projetos e foram para os Estados Unidos para fazer um curso de MBA na Universidade de Vanderbilt (EUA), conveniada à FEA.

Os professores que obtiveram seu título a partir de tal Portaria passariam a ser conhecidos como os Doutores de 72 (CAMPOMAR, 2013).

No ano de 1970 ocorreu uma nova reforma universitária, sendo implantado o atual modelo de Pós-Graduação. Nesse momento, o Professor Meyer Stilman abandonou os cursos de graduação e passou a dedicar-se exclusivamente à pós-graduação, lecionando Conceitos de Marketing, Tópicos de Marketing e Ciência do Comportamento. O curso de graduação de "Técnicas Comerciais e dos Negócios" passou a chamar-se Administração de Vendas. O nome não podia ser marketing, pois, de acordo com o Professor Toledo (2013), a reitoria não admitia nomes estrangeiros. Ainda não havia uma área de marketing, mas a disciplina ganhava força na faculdade.

Com a morte de seu orientador, o Professor Meyer Stilman, Geraldo Toledo poderia finalizar seu doutorado sob a orientação do Professor Sérgio Baptista Zaccarelli, cuja descrença em relação ao marketing era notória, ou do Professor Ruy Aguiar da Silva Leme, também politécnico, economista e estatístico, mas cuja relação com o marketing era bastante amigável. A escolha não gerou grande dissonância ao doutorando.

Sustentada pelos novos doutores que passaram a apresentar disciplinas, a área de marketing fortificou-se e pouco tempo depois, a tradução do livro de Kotler foi finalizada, passando a ser adotado como literatura básica na maior parte dos cursos de marketing existentes no Brasil.

Para preencher temporariamente o cargo que ficara vazio com a morte de Stilman, Leo Erickson, da Michigan State University, lecionou na USP. O professor americano permaneceu ali até que "se formasse uma equipe academicamente habilitada a assumir a área de

Marketing" (MUNHOZ, 1982, p. 85). Nessa época, começa a surgir a segunda geração de professores da EAESP/FGV. Também nestes período surgem os primeiros mestres e doutores na área de marketing da FEA/USP: Ademir Antonio Ferreira, Alexander Berndt, Geraldo Luciano Toledo, Gilberto José Weinberger Teixeira, José Afonso Mazzon, José Augusto Guagliardi, Marcos Cortez Campomar, Rubens da Costa Santos e Sylvio Carlos Borges dos Reis (MUNHOZ, 1982).

Nessa época, Pólia Hamburguer, professora da EAESP/FGV, aspirava a uma vaga na Universidade de São Paulo. Contudo, barreiras políticas atrapalharam seu ingresso na FEA.

Também no ano de 1970 houve outra grande mudança na Faculdade: as instalações da FEA foram transferidas para o novo campus da USP no Butantã. Até então, o prédio da faculdade, da biblioteca e do Instituto de Administração (IA) ficavam na rua Doutor Vila Nova. A Figura 4 apresenta o prédio antigo da FCEA, no bairro da Vila Buarque.

Figura 4 – Antigo prédio da FCEA

Fonte: <http://www.fea.usp.br/conteudo.phpi=4/FEA>.
Acesso em: 01/05/2013

Em 1974 a Faculdade passa por uma nova mudança em seu currículo. As disciplinas passam a ser semestrais e a de Administração de Vendas foi quebrada em 3: Marketing I – Conceitual; Marketing II – Decisões; Marketing III – Planejamento e Controle.

A Figura 5 apresenta o prédio da FEA já na Cidade Universitária, no *campus* do Butantã.

Figura 5 – A Antigo prédio da FCEA

Fonte: Material produzido para a inauguração da Biblioteca da FEA/USP em 2014

É importante destacar que o Professor "Leo Erickson apresentou algumas disciplinas e também ajudou a montar a estrutura de algumas disciplinas, mas não chegou a montar o programa geral" (MUNHOZ, 1982, p. 302). No curso de Pós-graduação, a disciplina de Fundamentos de Marketing passou a ser ministrada pelos Professores José Augusto Guagliardi e Rubens Costa Santos.

Sob a chefia do Professor Ruy Leme, o Conselho de Administração, em 1977, aprovou a divisão de seu corpo docente em sete áreas: Marketing, Finanças, Produção, Recursos Humanos, Administração Geral, Projetos, e Métodos Quantitativos e Informática. Neste período, novos professores foram contratados para ministrar disciplinas de marketing. A Figura 6 mostra 3 deles: os professores Dilson Gabriel dos Santos, Geraldo Luciano Toledo e Marcos Cortez Campomar (da esquerda para a direita).

Figura 6 – Professores de Marketing da FCEA

Fonte: Revista Briefing, agosto de 1981

Neste mesmo ano, a Revista de Administração, cuja publicação havia sido interrompida em 1967, volta a ser assumida e publicada pelos professores da FEA.

Na reforma de 1982, a área de marketing passa a ter mais disciplinas:

- Controle de Marketing
- Fundamentos de Marketing
- Tópicos de Marketing
- Decisões de Marketing sob Condições de Incerteza
- Análise e Planejamento de Marketing
- Pesquisa de Marketing
- Metodologia de Pesquisa
- Marketing Internacional e Comparativo
- Comportamento do Consumidor
- Marketing de Turismo
- Sistemas de Informação de Marketing

3.4 A ESPM

A ESPM surge em 1951 com o nome de Escola de Propaganda do Museu de Arte de São Paulo, mas seu início remonta ao 1º Salão Nacional de Propaganda, realizado pelo Museu de Arte de São Paulo em 1950. No evento, o então diretor do Museu de Arte de São Paulo, Pietro Maria Bardi, impactado pelo sucesso de público, comentou com Rodolfo Lima Martensen, presidente da Lintas (agência de propaganda *inhouse* da Lever) que "Enquanto meus Rembrandt, Velasquez, Picasso e Renoir ficam às moscas, esperando uns poucos visitantes, vocês da Propaganda entulham os olhos do povo com toda a sorte de porcaria" (PROPAGANDA, 1989, p. 6).

A partir deste simples comentário, surge a ideia de se criar uma escola para oferecer cursos técnicos de curta duração de propaganda. Tais cursos seriam oferecidos em conjunto com os cursos de Arte Contemporânea já oferecidos pelo Museu.

E assim, Bardi, reunido com Martensen e Napoleão de Carvalho, diretor dos Diários Associados, coloca o espaço do museu à disposição, visando a melhoria do padrão artístico da arte publicitária. Como comenta o próprio Martensen em A História da Propaganda no Brasil, obra organizada por ele, o Brasil não estava carente apenas de um curso de "arte publicitária e sim de toda uma faculdade capaz de ensinar criação, é claro, mas também e com igual ênfase: planejamento, pesquisa de mercado, técnicas e veiculação (mídia), promoção de vendas, produção de rádio e televisão e todas as matérias de apoio a essas especialidades" (MARTENSEN, 1990, p. 34).

> Durante nove meses eu me dediquei ao plano, consultando inclusive as principais universidades americanas envolvidas no ensino publicitário, visitando os cursos da Fédération Française de la Publicité e os da British Advertising Association; ou ouvindo dirigentes de Agências daqui e do Exterior. A conclusão a que cheguei foi de que o Brasil não precisava apenas de um curso de Propaganda de teor artístico. O País pedia era uma escola de Propaganda profissionalizante, que, ao lado do aprimoramento artístico, desse aos alunos uma noção realística das responsabilidades sócioeconômicas do publicitário" (PROPAGANDA, 1986, p. 6).

"Diante da envergadura do projeto, Assis Chateaubriand, proprietário dos *Diários Associados*, vem colaborar pessoalmente com ele. Em 27 de outubro de 1951, funda-se a Escola de Propaganda do Museu de Arte de São Paulo" (AMATUCCI, 2001, p. 36). Importante observar a análise do

Professor Cosenza (2013), que comenta que o envolvimento de Chateaubriand não se deveu apenas a seu espírito empreendedor, mas ao fato de ele perceber a possibilidade de "impulsionar a comunicação no país para ter anúncios profissionais e mais anunciantes em seus diários" (COSENZA, 2013).

O primeiro corpo docente da escola, selecionado não pela sua capacidade didática, mas por seu conhecimento da matéria, foi formado pelos principais líderes de vários setores da atividade publicitária como Renato Castelo Branco, da Thompson, e Geraldo Santos, da McCann-Erickson, por exemplo. O curso tinha duração de dois anos e "as matérias eram: Psicologia, Elementos da Propaganda, Técnica de Esboço (*layout*), Arte-Final, Produção e Artes Gráficas, Redação, Rádio-Cinema-Televisão, Mídia, Estatística e Pesquisa de Mercado, Promoção de Vendas" (MARTENSEN, 1990, p. 34).

Segundo o Professor Gracioso (2013), a escola teve seu início viabilizado "através das grandes empresas americanas, principalmente da Nestlé e da Unilever que eram nossas patrocinadoras. Tanto que nosso primeiro professor de Marketing foi um diretor de Marketing da Unilever do Brasil, isso nos anos 50 ainda".

Por seu conteúdo histórico, transcreve-se o trecho a seguir, um breve resumo que Medauar (1990, p. 18) faz sobre Renato Castelo Branco,

> [...] decano da publicidade brasileira. Aquele que poderia contar, com segurança, a história da propaganda em geral, porque na verdade viu surgir a publicidade ainda indecisa, amanhecendo, vinda do tempo do 'reclame' para toda a sofisticação dos anúncios coloridos, ou dos filmes para televisão, com todos os recursos da técnica moderna. Foi ainda dos primeiros a conhecer uma agência. Redator em 1935, depois gerente geral da J. Walter Thompson no Brasil. Diretor e professor da Escola de Propaganda, presidente da ABAP.

Ainda em 1952, ano em que o primeiro curso foi lançado, o conteúdo pedagógico foi organizado por dois professores da Universidade de São Paulo, convidados especialmente para essa empreitada: Linneu Schutzer e Oswaldo Sangiorgi.

Aos poucos, a instituição tornou-se um núcleo de profissionais do setor interessados em contribuir para elevar o padrão da propaganda no país.

No ano de 1955, ocorre uma grande mudança na escola. Pietro Maria Bardi comunicou que em virtude do sucesso da instituição, o Museu não poderia mais comportar aquele nível de atividade. Embora se sentisse muito orgulhoso com o projeto que ajudara a colocar de pé, Bardi deu três meses para que a diretoria buscasse um novo local para o empreendimento. Com a mudança de endereço, a instituição passou a se chamar Escola de Propaganda de São Paulo (EPSP).

De acordo com Gracioso (2014, p. 42), "Oficialmente, o primeiro professor de marketing da escola foi John Sommerville, que na vida profissional era diretor de marketing da Gessy Lever no Brasil".

Em 1971, Otto Hugo Scherb, que tinha passado pelas agências Thompson e Alcântara Machado, tornou-se presidente da escola, substituindo Martensen. Um fato importante a respeito de Otto Scherb é que ele "foi o primeiro a usar o método Simplex de programação linear no Brasil, aplicando as variáveis custo/audiência. Ele otimiza a mídia, no caso de revistas, tomando cada veículo separadamente" (BARROS, 1990, p. 138).

A mudança de nome da escola ocorreu em 1973, quando passou a chamar-se Escola Superior de Propaganda. De acordo com o Professor Cosenza (2013), em entrevista concedida para o desenvolvimento deste trabalho, a sigla ESP não agradava em nada a Chateaubriand, para quem ela parecia "coisa de partido político". Por este motivo, em conjunto com um movimento que já havia na escola, seu nome é alterado para Escola Superior de Propaganda e Marketing (ESPM).

Após a morte de Otto Scherb em 1981, Francisco Gracioso, da McCann-Erickson e ex-professor da escola, assume a presidência. A sede própria, onde a escola está hoje, foi inaugurada em 1989: um "prédio especialmente projetado para ela por Ubaldo Carpegiani, arquiteto especializado em prédios escolares" (AMATUCCI, 2001, p. 38).

O primeiro curso de Administração, voltado para marketing, foi desenvolvido ainda em 1989, ficando a cargo da professora Laura Gallucci. Juntamente com os professores Miguel P. Caldas e Francisco Vinci foi criado o curso, distribuindo-se de forma equilibrada as disciplinas entre profissionais de mercado e professores com alta titulação.

Alguns nomes que passaram pela escola são: João Agripino da Costa Dória, João Carillo, Hélio Silveira da Mota, José Rolim Valença e Alex Periscinoto (MEDAUAR, 1990, p. 9).

Um aspecto que também merece reconhecimento é a criação, em 2005, do Núcleo de Estudos e Negócios do Varejo. O *Retail Lab* é o primeiro laboratório experimental de varejo do país e ocupa um espaço de 200 m², projetados com layout que permite diversos formatos e simulações de autosserviço, de venda assistida, venda pessoal e venda no balcão.

4 REFERÊNCIAS

ADLER, Richard P.; FIRESTONE, Charles M. **A conquista da atenção: A publicidade e as novas formas de comunicação**. São Paulo: Nobel, 2002.

A HISTÓRIA DO OUTDOOR. (s.d.). Disponível em: <http://www.camacarioutdoor.com.br/site/>. Acesso em: 06/10/2013.

AJZENTAL, Alberto. **História do pensamento em Marketing**. São Paulo: Saraiva, 2010.

ALVES, R. **Filosofia da Ciência: introdução do Jogo e a suas regras**. São Paulo: Editora Brasiliense, 1981.

AMATUCCI, Marcos. **Nossos cursos de Administração são mais ESPM que os cursos dos outros**. Revista ESPM, set/out 2001, p. 35-41.

ANGHINONI, Marcos. **A HISTÓRIA DA INDÚSTRIA GRÁFICA**. 2010. Disponível em: <http://sellerink.com.br/blog/?p=568>. Acesso em: 06/10/2013.

A PROPAGANDA NO BRASIL: DAS PRIMEIRAS AGÊNCIAS ÀS GRANDES MULTINACIONAIS. (s.d.). Disponível em: < http://professor.ucg.br/SiteDocente/admin/arquivosUpload/13147/material/A%20propaganda%20no%20Brasil.pdf>. Acesso em: 07/10/2013.

ARAUJO, Anna G. DNA do Marketing. **Marketing**, p. 44-49, julho 2009.

ARRUDA, Maria C. C. A evolução do Marketing no Brasil. **Marketing**, n. 161, p. 17-24, março 1987.

BARBOSA, Daniela. **As 50 maiores redes de supermercados do Brasil**. 2014. Disponível em: <http://exame.abril.com.br/negocios/noticias/as-50-maiores-redes-de-supermercados-do-brasil>. Acesso em: 10/06/2014.

BARROS, João Altino de. Uma visão da mídia em cinco décadas. *In:* BRANCO, Renato Castelo; MARTENSEN, Rodolfo Lima; REIS, Fernando. **História da propaganda no Brasil**. São Paulo: T.A. Queiroz, p. 126-154, 1990.

BARTELS, Robert. The identity crisis in Marketing. **Journal of Marketing**, v. 38, n. 4, p. 73-76, October 1974.

BECKMAN, Theodore, N. The Evolution of Marketing and Marketing Concepts. *In*: DUNCAN, Delbert J. (Org.). **Proceedings – Conference of Marketing Teachers from Far Western States**. University of California, Berkeley, p. 1-11, September 1958.

BELCH, George E.; BELCH, Michael A. **Propaganda e promoção: uma perspective da comunicação integrada de Marketing**. Tradução Adriana Rinaldi, Daniela Cecília da Silva, Denise Durante. São Paulo: McGraw-Hill, 2008.

BENETTI, E.; RIBEIRO, J.; LONGO, W.; IMOBERDORF, M.; DIAS, S.; ALDRIGHI, V. **Tudo que você queria saber sobre propaganda e ninguém teve paciência para explicar**. São Paulo: Atlas, 1985.

BOURG, Gabriel de A. **Advertainment e o futuro da propaganda**. Trabalho de Conclusão de Curso de Comunicação Social, Faculdade Estácio de Sá, São José/SC, 2007.

BOYD JR, Harper W.; WESTFALL, Ralph. **Pesquisa mercadológica, texto e casos**. Rio de Janeiro: Fundação Getúlio Vargas, 1971.

BRANDT, William K.; HULBERT, James M.; RICHERS, Raimar. Estratégias mercadológicas de empresas multinacionais no Brasil. *In*: RICHERS, Raimar (Coord.). **Ensaios de Administração Mercadológica**. 2. ed. Rio de Janeiro: Ed. Fundação Getúlio Vargas, p. 423-438, 1978.

BROWN, Stephen. Always Historicize!: Researching Marketing history in a post-historical epoch. **Marketing Theory**, v. 1, p. 49-89, 2001.

_____. Art or Science? Fifty Years of Marketing Debate. **The Marketing Review**, v. 2, p. 89-116, 2001.

CALDAS, Miguel P. "Contribuição Teórica": Como assim, cara pálida?. **RAE**, v. 43, n. 3, p. 65-68, julho/setembro 2003.

CAMPANHAS INESQUECÍVEIS: PROPAGANDA QUE FEZ HISTÓRIA NO BRASIL. São Paulo: Meio e Mensagem, 2007.

CAMPOMAR, Marcos C. O sistema de Marketing. **Marketing**, Ano 18, n. 131, p. 43, 1984.

_____. A evolução do Marketing no Brasil. 10 de dezembro de 2013. São Paulo. Entrevista concedida a Roberto Flores Falcão.

_____; IKEDA, Ana A. **O Planejamento de Marketing e a confecção de planos**. São Paulo: Saraiva, 2006.

CAROPRESO, Percival. Alô, Alô, Repórter Esso, Alô! *In*: GRACIOSO, Francisco; GALLUCCI, Laura. **Marketing no Brasil:**

introdução e desenvolvimento dos anos 1950 aos dias de hoje. São Paulo: Instituto Cultural – ESPM, p. 250-261, 2014.

CARRASCOZA, João Anzanello. Literatura e propaganda: flashes. **Revista ESPM**, p. 27-33, ago 1996.

_____. **A evolução do texto publicitário como elemento de sedução na publicidade**. São Paulo: Futura, 1999.

CAVALCANTI, P.; CHAGAS, C. **História da embalagem no Brasil**. São Paulo: Associação Brasileira de Embalagem (Abre), 2006.

CHUEIRI, Carlos Roberto F. E, no princípio, era a verba.... In: BRANCO, Renato Castelo; MARTENSEN, Rodolfo Lima; REIS, Fernando. **História da propaganda no Brasil**. São Paulo: T.A. Queiroz, p. 264-277, 1990.

COBRA, Marcos. **Administração de Marketing no Brasil**. São Paulo: Cobra Editora de Marketing, 2003.

_____. A evolução do Marketing no Brasil. 11 de dezembro de 2013. São Paulo. Entrevista concedida a Roberto Flores Falcão.

_____; BREZZO, Marcos. **O novo Marketing**. Rio de Janeiro: Elsevier, 2010.

COSENZA, Antonio Jesus de Britto. A evolução do Marketing no Brasil. 09 de dezembro de 2013. São Paulo. Entrevista concedida a Roberto Flores Falcão.

CRESCITELLI, Edson. Crise de credibilidade da propaganda: considerações sobre seu impacto na eficácia da mensagem. **Revista da FAQCOM – Faculdade de Comunicação da FAAP**, 2º semestre, 2004.

CURADO, Isabela B. EAESP/FGV: um passeio pelo labirinto. **Revista de Administração de Empresas**, v. 34, n. 3, p. 8-24, maio/junho 1994.

DE ANGELO, Augusto. A longa jornada da institucionalização. *In:* BRANCO, Renato Castelo; MARTENSEN, Rodolfo Lima; REIS, Fernando. **História da propaganda no Brasil**. São Paulo: T.A. Queiroz, p. 25-30, 1990.

DE CHIARA, Márcia. **Brasil só tem um varejista entre maiores do mundo**. O Estado de São Paulo, Caderno de Economia, p. B12, 16 jan. 2014.

DELOITTE. **Os Poderosos do Varejo Global – 2014: O varejo além de todos os limites**. 2014. Disponível em: <http://www2.deloitte.com/content/dam/Deloitte/br/Documents/consumer-business/PVG_2014.pdf>. Acesso em: 20/03/2014.

DEPARTAMENTO DE ADMINISTRAÇÃO. Disponível em: <http://www.fea.usp.br/conteudo.php?i=195>. Acesso em: 10 dez. 2013.

DUAILIBI, Roberto. Veja ilustre: a criatividade no Brasil. *In:* BRANCO, Renato Castelo; MARTENSEN, Rodolfo Lima; REIS, Fernando. **História da propaganda no Brasil**. São Paulo: T.A. Queiroz, p. 119-122, 1990.

_____ *(depoimento, 2004)*. Rio de Janeiro, CPDOC, ABP – Associação Brasileira de Propaganda, Souza Cruz, 2005.

EDIFÍCIO MESBLA. (s.d.). Disponível em: <http://www.sajous-henri.com/mesbla%20rio%20br.html>. Acesso em: 09/10/2013.

EDUARDO, Octavio da Costa. O desenvolvimento da pesquisa de propaganda no Brasil. *In:* BRANCO, Renato Castelo; MARTENSEN, Rodolfo Lima; REIS, Fernando. **História da propaganda no Brasil**. São Paulo: T.A. Queiroz, p. 98-112, 1990.

_____. Pequena história comentada da pesquisa de mercado e opinião pública no Brasil: a etapa pioneira. **Revista da ESPM**, p. 9-22, jan/fev 2003.

EGOSHI, Koiti. **ESAN – Escola Superior de Administração de Negócios: a primeira escola de administração do Brasil e da América Latina**. Disponível em: <http://www.cienciadaadministracao.com.br/ESAN.htm>. Acesso em: 14/08/2013.

FALCÃO, Roberto Flores; IKEDA, Ana Akemi; CAMPOMAR, Marcos Cortez. Is marketing losing its identity? A bibliometric review. **Revista Brasileira de Marketing**, v. 16, n. 2, p. 154-167, 2017.

FARRIS, Paul W.; BENDLE, Neil T.; PFEIFER, Philip E.; REIBSTEIN, David J. **Métricas de Marketing: mais de 50 métricas que todo executive deve dominar**. Porto Alegre: Bookman, 2007.

FERRACCIÙ, João de Simoni S. A saga vitoriosa do marketing promocional. *In*: GRACIOSO, Francisco; GALLUCCI, Laura. **Marketing no Brasil: introdução e desenvolvimento dos anos 1950 aos dias de hoje**. São Paulo: Instituto Cultural – ESPM, p. 66-73, 2014.

FERRENTINI, Armando. Prefácio. *In*: GRACIOSO, Francisco; GALLUCCI, Laura. **Marketing no Brasil: introdução e desenvolvimento dos anos 1950 aos dias de hoje**. São Paulo: Instituto Cultural – ESPM, p. 5-6, 2014.

FRAGA, Nayara. **Quando as marcas se vinculam à arte contemporânea**. O Estado de São Paulo, Caderno de Economia, p. B16, 5 mai. 2014.

FRANCESCHINI, Adelia. A evolução do Marketing no Brasil. 20 de dezembro de 2013. São Paulo. Entrevista concedida a Roberto Flores Falcão.

FURQUIM, Luiz Fernando. O consumidor e os meios de comercialização. *In:* BRANCO, Renato Castelo; MARTENSEN, Rodolfo Lima; REIS, Fernando. **História da propaganda no Brasil**. São Paulo: T.A. Queiroz, p. 286-293, 1990.

FURTADO, Rubens. Televisão: 40 anos. *In:* BRANCO, Renato Castelo; MARTENSEN, Rodolfo Lima; REIS, Fernando. **História da propaganda no Brasil**. São Paulo: T.A. Queiroz, p. 237-239, 1990.

GALLUCCI, Laura. A evolução do Marketing no Brasil. 19 de dezembro de 2013. São Paulo. Entrevista concedida a Roberto Flores Falcão.

GANDRA, José Ruy. **História da propaganda criativa no Brasil**. São Paulo: Clube de Criação de São Paulo, 1995.

GELMAN, Jacob Jacques. A evolução do Marketing no Brasil. 23 de dezembro de 2013. São Paulo. Entrevista concedida a Roberto Flores Falcão.

GOLDER, Peter N. Historical Method in Marketing Research with New Evidence on Long-Term Market Share Stability. **Journal of Marketing Research**, v. 37, n. 2, p. 156-172, 2000.

GRACIOSO, Francisco. **Marketing, uma experiência brasileira: análise de alguns problemas de estrutura e estratégia da emprêsa, planejamento de produtos e comunicação com o mercado à luz dos atuais conceitos de Marketing**. São Paulo: Cultrix, 1971.

_____. Marketing no Brasil: evolução, situação atual, tendências. *In:* BRANCO, Renato Castelo; MARTENSEN, Rodolfo Lima; REIS, Fernando. **História da propaganda no Brasil**. São Paulo: T.A. Queiroz, p. 85-97, 1990.

_____. A evolução do Marketing no Brasil. 11 de dezembro de 2013. São Paulo. Entrevista concedida a Roberto Flores Falcão.

_____. A importância das vendas e da distribuição no marketing. *In*: GRACIOSO, Francisco; GALLUCCI, Laura. **Marketing no Brasil: introdução e desenvolvimento dos anos 1950 aos dias de hoje**. São Paulo: Instituto Cultural – ESPM, p. 74-79, 2014.

GUIMARÃES, Fernanda. **Varejo brasileiro vive 'década de ouro', diz Luiza Trajano**. O Estado de São Paulo, Caderno de Economia, p. B24, 20 mar. 2014.

GUMMESSON, Evert. Exit Services Marketing – Enter Service Marketing. **The Journal of Customer Behaviour**, v. 6, n. 2, p. 113-141, 2007.

HISTÓRIAS DE CANNES: WASHINGTON OLIVETTO. 2013. Disponível em: <http://propmark.uol.com.br/premios/42898:historias-de-cannes-washington-olivetto>. Acesso em: 15 fev. 2014.

HOTCHKISS, George B. **Milestones of Marketing: A brief history of the evolution of market distribution**. New York: The MacMillan Company, 1938.

HUNT, Shelby D. The nature and scope of Marketing. **Journal of Marketing**, Chicago, v. 40, n.3, p.17-28, July 1976.

IKEDA, Ana A.; CRESCITELLI, Edson. O efeito potencial da comunicação integrada de Marketing. **Revista de Marketing**, maio de 2003.

KIRK, J. L.; MILLER, M. **Reliability and Validity in Qualitative Research**. Beverly Hills, CA: Sage Publications, 1986.

KOTLER, Philip; KARTAJAYA, Hermawan; SETIAWAN, Iwan. **Marketing 3.0: from products to customers to human spirits**. Hoboken, N. J.: Wiley, 2010.

_____; _____; _____. **Marketing 4.0: Moving from traditional to digital**. Hoboken, N. J.: John Wiley & Sons, 2016

_____; KELLER, Kevin L. **Marketing Management**. 12th ed. Upper Saddle River, New Jersey: Prentice Hall, 2006.

_____; LEVY, Sidney J. Broadening the concept of Marketing. **Journal of Marketing**, Chicago, v. 33, n. 1, p. 10-15, January 1969.

_____; _____. A new form of Marketing myopia: rejoinder to Professor Luck. **Journal of Marketing**, Chicago, v. 33, n. 3, p. 55-57, July 1969.

_____; _____. Buying is Marketing Too! **Journal of Marketing**, v. 37, p. 54-59, January 1973.

LADEIRA, Leonardo. **Edifício Mesbla**. 2011. Disponível em: <http://www.rioecultura.com.br/coluna_patrimonio/coluna_p atrimonio.asp?patrim_cod=54>. Acesso em: 10/10/2013.

LEITE, Manuel L. Rádio, "uma voz que vai de um fim a outo fim do mundo". *In:* BRANCO, Renato Castelo; MARTENSEN, Rodolfo Lima; REIS, Fernando. **História da propaganda no Brasil**. São Paulo: T.A. Queiroz, p. 225-236, 1990.

_____. TV Brasil – Ano 40. *In:* BRANCO, Renato Castelo; MARTENSEN, Rodolfo Lima; REIS, Fernando. **História da propaganda no Brasil**. São Paulo: T.A. Queiroz, p. 240-255, 1990.

LIMA, Raul C. A evolução do Marketing no Brasil. 27 de novembro de 2013. São Paulo. Entrevista concedida a Roberto Flores Falcão.

LIMA FILHO, Alberto de Oliveira; POWELL, Andrew Foster. Pesquisa mercadológica no Brasil – estágio atual e tendências. *In*: RICHERS, Raimar (Coord.). **Ensaios de Administração Mercadológica**. 2. ed. Rio de Janeiro: Ed. Fundação Getúlio Vargas, p. 65-76, 1978.

LONGO, Walter. **Advertainment e o Futuro da Propaganda**. Disponível em: <http://walterlongo.com.br/artigos/Advertainment_e_o_futur o_da_propaganda.html>. Acesso em: 21 mar. 2012.

MACHADO, Marília Lara M. **O efeito do advertainment no consumidor: um estudo exploratório**. Trabalho de Conclusão de Curso. Faculdade de Economia, Administração e Contabilidade, Universidade de São Paulo, São Paulo, 2009.

MADIA DE SOUZA, Francisco Alberto. **O Grande Livro do Marketing: os 12 Ps, Marketing de 12ª geração, Os 5 Ws e os 5 Hs, MTM – A Matrix do Branding, Marketing Plan – passo a passo**. São Paulo: M. Books do Brasil Ltda, 2014.

MAGLIO, Paul P.; SPOHRER, Jim. Fundamentals of service science. **Journal of the Academy Marketing Science**, v. 36, p. 18-20, 2008.

MAPPIN FOI À LIQUIDAÇÃO. 2012. Disponível em: <http://historiadeempresas.wordpress.com/>. Acesso em: 08/10/2013.

MARIA, Julio. Os avôs do jingle: livro e disco reúnem peças publicitárias criadas antes da era do rádio. **O Estado de São Paulo**, São Paulo, C3, 12 nov. 2013.

MARKETING DOS NOVOS TEMPOS. Revista PMKT 21, n. 9, p. 30-31.

MARTENSEN, Rodolfo Lima. O ensino da propaganda no Brasil. *In:* BRANCO, Renato Castelo; MARTENSEN, Rodolfo Lima; REIS, Fernando. **História da propaganda no Brasil**. São Paulo: T.A. Queiroz, p. 31-38, 1990.

MEDAUAR, Jorge. Os intelectuais e a propaganda. *In:* BRANCO, Renato Castelo; MARTENSEN, Rodolfo Lima; REIS, Fernando. **História da propaganda no Brasil**. São Paulo: T.A. Queiroz, p. 7-19, 1990.

MELLO, Bruno. **João De Simoni coloca a boca no trombone**. Reportagem do Portal Mundo do Marketing. 21/09/2007. Disponível em:

<http://www.mundodomarketing.com.brimprimirmaterial.php?id=2189>. Acesso em 18/05/2013.

MESTRINER, Fábio. A embalagem é uma das ferramentas que participaram da evolução do marketing no Brasil. *In*: GRACIOSO, Francisco; GALLUCCI, Laura. **Marketing no Brasil: introdução e desenvolvimento dos anos 1950 aos dias de hoje**. São Paulo: Instituto Cultural – ESPM, p. 96-107, 2014.

MOTOYAMA, Shozo *et al*. **USP 70 anos: Imagens de uma História Vivida**. Organizador: Shozo Motoyama. São Paulo: Editora da Universidade de São Paulo, 2006.

MUNHOZ, Aylza M. **Pensamento em Marketing no Brasil: um estudo exploratório**. São Paulo, 1982. Tese (Doutorado em Administração) – Escola de Administração de Empresas de São Paulo, Fundação Getúlio Vargas.

NOSSA HISTÓRIA. (s.d.). Disponível em: < http://www.pernambucanas.com.br/sobre-a-pernambucanas/nossa-historia>. Acesso em: 08/10/2013.

O CANGURU: Órgão do Centro Acadêmico Visconde de Cairu. São Paulo: Faculdade de Ciências Econômicas e Administrativas da Universidade de São Paulo, 1957.

OLIVEIRA, Sérgio R. G. Cinco décadas de Marketing. **GV executivo**, v. 3, n. 3, p. 37-43, agosto/outubro 2004.

ORDANINI, Andre; PARASURAMAN, A. Service Innovation Viewed Through a Service-Dominant Logic Lens: A Conceptual Framework and Empirical Analysis. **Journal of Service Research**. vol. 14, n. 1, p. 3-23, 2011.

PARENTE, Juracy. A evolução do Marketing no Brasil. 09 de dezembro de 2013. São Paulo. Entrevista concedida a Roberto Flores Falcão.

PARNES, L. **Planning stores that pay**. New York: Architectural Record Publications, 1948.

PASTORE, Ricardo. A evolução do varejo no Brasil. *In*: GRACIOSO, Francisco; GALLUCCI, Laura. **Marketing no Brasil: introdução e desenvolvimento dos anos 1950 aos dias de hoje**. São Paulo: Instituto Cultural – ESPM, p. 80-95, 2014.

PENTEADO, José Roberto Whitaker; ROCHA JR., Ismael; D´EMIDIO, Marcelo. O marketing faz cem anos. *In*: GRACIOSO, Francisco; GALLUCCI, Laura. **Marketing no Brasil: Introdução e desenvolvimento dos anos 1950 aos dias de hoje**. São Paulo: Instituto Cultural – ESPM, p. 8-15, 2014.

PERISCINOTO, Alex. Arte e propaganda. *In:* BRANCO, Renato Castelo; MARTENSEN, Rodolfo Lima; REIS, Fernando. **História da propaganda no Brasil**. São Paulo: T.A. Queiroz, p. 123-125, 1990.

_____ *(depoimento, 2004)*. Rio de Janeiro, CPDOC, ABP – Associação Brasileira de Propaganda, Souza Cruz, 2005.

PINHO, Diva Benevides. II. A Consolidação: o Corpo Docente, os Departamentos e a Estrutura Curricular, 1946/47. 1. O Departamento de Ciências Econômicas. *In:* CANABRAVA, Alice P. (Coord. e Org.); GUAGLIARDI, José A. (Ed.). **História da Faculdade de Economia e Administração da Universidade de São Paulo 1946/81: Vol 1. A Instituição**. São Paulo: A Faculdade, 1984, p. 37-60.

PONTES, Marcelo C. **Marketing experiencial ou o uso da experiência no Marketing? Estudo de caso em hotéis 5 estrelas da cidade de São Paulo**. São Paulo, 2012. Tese (Doutorado em Administração) – Programa de Pós-Graduação em Administração, Faculdade de Economia, Administração e Contabilidade da Universidade de São Paulo.

PROPAGANDA. **ESPM, rumo ao futuro**. Propaganda, São Paulo, ano 34, n. 424, set 1989, p. 4-18.

QUEIROZ, Adolpho. Inventário acadêmico e profissional da história da propaganda no Brasil. **Comunicação & Sociedade**, São Bernardo do Campo, PósCom-Metodista, a. 29, n. 49, p. 85-104, 2º sem. 2007.

REWOLDT, Stewart; SCOTT, James D.; WARSHAW, Martin R. **Introduction to Marketing management**. Homewood, Illinois: Richard D. Irwin, 1973.

REIS, Fernando. Sobre o colunismo publicitário e as publicações especializadas. *In:* BRANCO, Renato Castelo; MARTENSEN, Rodolfo Lima; REIS, Fernando. **História da propaganda no Brasil**. São Paulo: T.A. Queiroz, p. 55-69, 1990.

REIS, Roberta Moraes. **A influência da literatura na propaganda brasileira**. Disponível em: <http://artigocientifico. uol. com. br/uploads/artc_1183485975_85. doc>. Acesso em: 10 mar. 2014.

RIBEIRO, Antonio de L. **A origem e a evolução do ensino da administração no Brasil**. Disponível em: <http://www.cra-rj.org.br/site/espaco_opiniao/arquivos/art063.pdf>. Acesso em 10/09/2013.

RIBEIRO, Júlio. A evolução do Marketing no Brasil. 16 de dezembro de 2013. São Paulo. Entrevista concedida a Roberto Flores Falcão.

RICHERS, Raimar. Estratégia, Estrutura e Ambiente. **Revista de Administração de Empresas**, v. 21, n. 4, p. 21-32, outubro/dezembro 1981.

_____. **O que é marketing**. Coleção Primeiros Passos, n. 27. 2. ed. São Paulo: Editora Brasiliense, 1981.

_____. O futuro do marketing e o marketing do futuro. **Revista de Administração**, v. 21, n. 4, p. 9-22, outubro/dezembro 1986.

_____. Recordando a infância do Marketing brasileiro – um depoimento. **Revista de Administração de Empresas**, v. 34, n. 3, p. 26-40, maio/junho 1994.

_____. Um passeio pelo futuro. **RAE Light**, v. 2, n. 6, p. 34-39, 1995.

_____. **Marketing: uma visão brasileira**. São Paulo: Negócio Editora, 2000.

SABADIN, Celso. Na história do *outdoor* no Brasil, a Central de Outdoor foi a grande disciplinadora. *In:* BRANCO, Renato Castelo; MARTENSEN, Rodolfo Lima; REIS, Fernando. **História da propaganda no Brasil**. São Paulo: T.A. Queiroz, p. 256-263, 1990.

SANTOS, Dilson G. A evolução do Marketing no Brasil. 02 de dezembro de 2013. São Paulo. Entrevista concedida a Roberto Flores Falcão.

SARMENTO, Armando Moraes. As agências estrangeiras trouxeram modernidade, as nacionais aprenderam depressa. *In:* BRANCO, Renato Castelo; MARTENSEN, Rodolfo Lima; REIS, Fernando. **História da propaganda no Brasil**. São Paulo: T.A. Queiroz, p. 20-24, 1990.

SCHELLER, Fernando. **A 'ciência' por trás dos rostos das marcas**. O Estado de São Paulo, Caderno de Economia, p. B20, 10 mar. 2014.

_____. **Agência NBS é vendida ao grupo Dentsu Aegis**. O Estado de São Paulo, Caderno de Economia, p. B14, 1 mai. 2014.

_____. **Grandes grupos miram relações públicas**. O Estado de São Paulo, Caderno de Economia, p. B14, 28 jul. 2014.

SCRIVEN, Michael. Causes, Connections and Conditions in History. *In*: HALL, John A.; BRYANT, Joseph M. **Historical Methods in the Social Sciences**, London: Sage Publications, v. II, p. 353-374, 2005.

SESSO FILHO, U. A. **O setor supermercadista no Brasil nos anos 1990**. São Paulo, 2003. Tese (Doutorado em Ciências) – Escola Superior de Agricultura Luiz de Queiroz, Piracicaba, São Paulo.

SHAFER, Robert J. **A Guide to Historical Method**. Revised Edition. Homewood, Illinois: The Dorsey Press, 1974.

SILVA, Joaquim Caldeira da. Eu vi os supermercados nascerem. *In:* BRANCO, Renato Castelo; MARTENSEN, Rodolfo Lima; REIS, Fernando. **História da propaganda no Brasil**. São Paulo: T.A. Queiroz, p. 278-285, 1990.

SIMÕES, Roberto. **Marketing Básico**. São Paulo: Saraiva, 1976.

_____. Do pregão ao *jingle*. In: BRANCO, Renato Castelo; MARTENSEN, Rodolfo Lima; REIS, Fernando. **História da propaganda no Brasil**. São Paulo: T.A. Queiroz, p. 168-170, 1990.

SOCORRO, Francisco. **Hélio Silveira da Motta, ícone *low-profile* da Publicidade brasileira**. 22 pgs. Disponível em: <www.umacoisaeoutra.com.br/marketing/helio.htm>. Acesso em: 16/12/2013.

SUCCURSALE LYONNAISE DES ÉTABLISSEMENTS MESTRE ET BLATGÉ, AVENUE DE SAXE. 2011. Disponível em: <http://collections.bm-lyon.fr/BML_01ICO001014ccaab582d612>. Acesso em: 07/10/2013.

TERZIAN, Françoise; CURADO, Isabela B. Entrevista: Decanos da FGV-EAESP. **RAE – GVexecutivo**, v. 3, n. 3, p. 12-16, ago/out, 2004.

TOLEDO, Geraldo L. A evolução do Marketing no Brasil. 25 de novembro de 2013. São Paulo. Entrevista concedida a Roberto Flores Falcão.

_____; TREVISAN, Glória Della Mônica. II. A Consolidação: o Corpo Docente, os Departamentos e a Estrutura Curricular, 1946/69. 1. O Departamento de Ciências Econômicas. In: CANABRAVA, Alice P. (Coord. e Org.); GUAGLIARDI, José A. (Ed.). **História da Faculdade de Economia e Administração da Universidade de São Paulo 1946/81: Vol 1. A Instituição**. São Paulo: A Faculdade, 1984, p. 67-78.

TROIANO, Jaime; MARANGONI, Nelsom. Os bastidores da história da pesquisa de mercado no Brasil. In: GRACIOSO,

Francisco; GALLUCCI, Laura. **Marketing no Brasil: introdução e desenvolvimento dos anos 1950 aos dias de hoje.** São Paulo: Instituto Cultural – ESPM, p. 108-123, 2014.

VALE, Miriam P. E. de M. **Institucionalização do Ensino em Administração de Empresas na Cidade de São Paulo: Um estudo de caso sobre a Faculdade de Economia, Administração e Contabilidade da Universidade de São Paulo.** São Paulo, 2012. Dissertação (Mestrado em Administração) – Escola de Administração de Empresas de São Paulo, Fundação Getúlio Vargas.

VALENÇA, José Rolim. Relações públicas – concorrente e aliada. *In:* BRANCO, Renato Castelo; MARTENSEN, Rodolfo Lima; REIS, Fernando. **História da propaganda no Brasil.** São Paulo: T.A. Queiroz, p. 113-118, 1990.

VARGO, Stephen L.; LUSCH, Robert F. Evolving to a new dominant logic for Marketing. **Journal of Marketing Science,** v. 68, January, p. 1-21, 2004.

VIEIRA, Francisco G. D. Panorama Acadêmico-Científico e Temáticas de Estudos de Marketing no Brasil. *In*: ENCONTRO ANUAL DA ASSOCIAÇÃO NACIONAL DOS PROGRAMAS DE PÓS-GRADUAÇÃO EM ADMINISTRAÇÃO – ENANPAD, 24., 2000, Florianópolis. **Anais...** Florianópolis: ANPAD, v. 1, n. 5, 2000.

_____. Narciso sem espelho: a publicação brasileira de Marketing. **RAE**, v. 43, n. 1, p. 81-90, janeiro/fevereiro/março 2003.

_____. Perspectivas e limites da pesquisa qualitativa na produção de conhecimento em Marketing. **Revista de Negócios**, v. 18, n. 1, p. 10-24, janeiro/março 2013.

VOLPI, Alexandre. **A história do consumo no Brasil: do mercantilismo à era do foco no cliente**. Rio de Janeiro: Elsevier, 2007.

XAVIER, Wescley Silva; BARROS, Amon Narciso de; CRUZ, Rafaela Costa; CARRIERI, Alexandre de Pádua. **O imaginário dos mascates e caixeiros-viajantes de Minas Gerais na formação do lugar, do não lugar e do entrelugar**. Revista de Administração, v. 47, n. 1, p. 38-50, janeiro/fevereiro/março 2012.

www.ingramcontent.com/pod-product-compliance
Lightning Source LLC
Chambersburg PA
CBHW072030230526
45466CB00020B/1185